ゼロから始めるインドネシア語

文法中心

ホラス由美子 著

三修社

まえがき

　近年、インドネシアの経済成長がしばしば日本のメディアでも伝えられるようになり、アジア諸国の中でも、ますます身近に感じられる国となりました。親日国とも言われるインドネシア各地で日系企業がビジネスを展開し、リゾート地として有名なバリ島へは、年間を通して多くの日本人観光客が訪れています。また、インドネシアからの訪日観光客も徐々に増加しており、日本国内でもインドネシア人と出会う機会が増えてきました。

　本書は、仕事や観光でインドネシアを訪れる方のために、そして、日本でインドネシアからのビジネス・観光客を迎える方のために、初習者向けにインドネシア語の基礎的な文法をやさしく解説することを試みました。自学自習が可能であるように本書の前半部分にはほとんどの単語にルビをつけましたが、学習の進度に合わせルビの量を減らす工夫をしました。また、会話の場面は、ビジネスでの会話を想定しましたが、学習者の環境ごとに適宜単語を入れ替えて練習されることをおすすめします。

　本書の執筆にあたり、ウダヤナ大学外国人インドネシア語コースで長年にわたり教鞭をとっていらっしゃる Drs. I Made Madia, M. Hum. 先生には特別なご指導をいただき、2015 年 2 月にウダヤナ大学文学文化学部日本コースを卒業された Ni Nyoman Atmi Rahayu, S. S. さんには、日本語とインドネシア語のニュアンスや綴りなどの細かなチェック作業を手伝っていただきました。また、Elizabeth Luise Marcella Soedjarno さんと Almontana Stefanus Maesa Paat さんには、付属音声のナレーターを快くお引き受けいただきました。そして、三修社の編集担当者の菊池暁さんには、きめ細やかなアドバイスとサポートを賜りましたことをここに記し、心からお礼申し上げます。

　最後に、この本を手に取られる方が、日本とインドネシアの友好の架け橋となれますように希望します。

Cinta, Harapan dan Damai!

2015 年　新緑がまぶしい季節に
著者

目　次

Palajaran 1　インドネシア語の文字と発音　　8
§1　文字　　　　　　　　　　§2　母音 a, i, u, e, o
§3　二重母音 ai, au, oi　　　§4　子音
§5　日本人が苦手な発音パターン　§6　アクセント

Palajaran 2　日常よく使う表現を覚えましょう　　12

Palajaran 3　私は日本人です　　13
§1　人称代名詞　　　　　　　§2　敬称
§3　人称代名詞の格　　　　　§4　疑問詞 siapa

Palajaran 4　これは何ですか？　　19
§1　指示代名詞　　　　　　　§2　指示代名詞を修飾語として使う
§3　疑問詞 apa　　　　　　　§4　はい、いいえ式の疑問文
§5　「はい」と「いいえ」　　 §6　付加疑問文「〜ですよね？」

Palajaran 5　このバナナの値段はいくらですか？　　25
§1　基数
§2　価格、数量、番号、サイズをたずねる疑問詞 berapa

Palajaran 6　何人ですか？　　31
§1　助数詞：人、動物、物を数える
§2　助数詞：容器を助数詞として使う

Palajaran 7　結婚披露宴はいつですか？　　36
§1　時をたずねる疑問詞 kapan　§2　曜日と月名
§3　曜日や月名をたずねる　　§4　日付や年号をたずねる
§5　時を表す副詞　　　　　　§6　序数

Palajaran 8　何時ですか？　　41
§1　時刻をたずねる　　　　　§2　時刻を言う
§3　時刻の言い表し方のルール　§4　時間の長さをたずねる
§5　時間の長さを言う　　　　§6　分数と小数

Palajaran 9　私は南ジャカルタに住んでいます　　46
§1　動詞　その1　　　　　　§2　動詞の語尾変化

目　次

　　　§3　時制を表す助動詞　　　　　§4　動詞の否定
　　　§5　場所を表す前置詞　　　　　§6　ここ、そこ、あそこ
　　　§7　場所をたずねる

Palajaran 10　私はインドネシアへ出発します　　　　　　　　53
　　　§1　動詞　その2　　　　　　　§2　ber- の変化規則
　　　§3　派生語の意味　その1　語根が動詞
　　　§4　派生語の意味　その2　語根が名詞
　　　§5　派生語の意味　その3　語根が形容詞
　　　§6　派生語の意味　その4　語根が数詞
　　　§7　便利な前置詞

Palajaran 11　私たちはインドネシア映画を鑑賞します　　　　59
　　　§1　動詞　その3　　　　　　　§2　me- の変化規則
　　　§3　派生語の意味　その1　語根が動詞
　　　§4　派生語の意味　その2　語根が名詞
　　　§5　派生語の意味　その3　語根が形容詞
　　　§6　希望、可能、許可、義務を表す助動詞と頻度を表す単語

Palajaran 12　この携帯電話は安いです　　　　　　　　　　　65
　　　§1　状態を表現する　　§2　同格の表現
　　　§3　比較の表現　　　　§4　比較の強調表現
　　　§5　劣等比較　　　　　§6　選択肢を提示して比較する表現
　　　§7　最上級　　　　　　§8　数量を表す形容詞など

Palajaran 13　私の家はゴルフ場からやや遠いです　　　　　　71
　　　§1　程度の表現　　　　　　　　§2　状態をたずねる疑問詞
　　　§3　色の名前　　　　　　　　　§4　味
　　　§5　感情の表現

Palajaran 14　タクシーを呼んでください　　　　　　　　　　77
　　　§1　依頼の命令文　　　　　　　§2　要求の命令文
　　　§3　勧誘の命令文　　　　　　　§4　試すよう勧める命令文
　　　§5　一緒に何かをしようと勧誘する命令文
　　　§6　いわゆる命令の命令文　　　§7　「禁〜！」の表現

目 次

Palajaran 15　私はお酒が好きです　82
- §1　名詞を作る接尾辞 -an
- §2　動詞＋-an
- §3　形容詞＋-an
- §4　名詞 - 名詞＋-an
- §5　時を表す名詞＋-an
- §6　数詞＋-an
- §7　立場を表す名詞

Palajaran 16　誰がその講習会のインドネシア語の教師ですか？　88
- §1　名詞を作る接頭辞 pe-
- §2　pe-＋動詞　その1
- §3　pe-＋動詞　その2
- §4　pe-＋動詞　その3
- §5　pe-＋形容詞　その1
- §6　pe-＋形容詞　その2
- §7　pe-＋競技名

Palajaran 17　運転手は車庫に車を入れます　96
- §1　me-kan 動詞
- §2　me- 自動詞 -kan
- §3　me- 名詞 -kan
- §4　me- 形容詞 -kan
- §5　me- 他動詞 -kan
- §6　特殊な me-kan 動詞

Palajaran 18　彼らはあのビルに入っていきました　104
- §1　me-i 動詞
- §2　me-＋自動詞＋-i のパターン
- §3　me-＋名詞＋-i のパターン
- §4　me-＋形容詞＋-i のパターン
- §5　me-＋他動詞＋-i のパターン

Palajaran 19　私はインドネシア文化について知識を深めたいです　110
- §1　memper- 動詞
- §2　memper-＋形容詞
- §3　memper-＋名詞
- §4　memper-＋動詞＋-kan
- §5　memper-＋名詞＋-kan
- §6　memper-＋語根＋-i

Palajaran 20　日本からの客は、私が空港で出迎えます　118
- §1　受動態
- §2　受動態の文型
- §3　主語が1人称、または2人称の場合
- §4　1人称、2人称の特殊な例
- §5　主語が3人称の場合
- §6　接尾辞を伴う動詞を使った受動態

Palajaran 21　私は新しいパソコンを買いたいです　126
- §1　関係詞 yang
- §2　名詞＋yang＋形容詞
- §3　名詞＋yang＋複数の形容詞のパターン
- §4　疑問詞の一部としての yang

§5 関係代名詞的用法の yang
§6 限定の役割の yang

Palajaran 22　その重要書類は彼らにうっかり持っていかれてしまいました　138
§1　接頭辞 ter- を用いた表現
§2　「ついつい」「うっかり」の意味の ter-
§3　「〜された状態にある」「〜されている」の意味の ter-
§4　「〜されうる」の意味の ter-　§5　感情を表す言葉
§6　接頭辞 ter- を用いた重要頻出単語

Palajaran 23　私はキャッシュカードをなくしました　147
§1　ke-an の派生語　§2　迷惑や被害を被る意味を表す動詞
§3　ke- 動詞 -an による名詞　§4　ke- 形容詞 -an による名詞
§5　ke- 名詞 -an による名詞
§6　ke-an による過度の表現
§7　ke-an の特殊な派生語　その1
§8　ke-an の特殊な派生語　その2

Palajaran 24　デンパサール市からウブゥドまでの道のりは、だいたい1時間です　154
§1　名詞を作る接頭辞 per- と接尾辞 -an
§2　動詞によって表されたことや行為や結果を表す名詞を作る
§3　語根の行為をする場所を表す名詞を作る
§4　語根に関連する産業や業種を表す名詞を作る
§5　語根が表す物が集合した場所を表す名詞

Palajaran 25　トゥガルララン村の風景はとても美しいです　160
§1　名詞を作る接頭辞 pe- と接尾辞 -an
§2　動詞によって表されたことをする意味の名詞を作る
§3　動詞によって表されたことや、その結果をする意味の名詞を作る
§4　語根から容易に想像しにくい派生語になる例

Latihan（練習）解答例　168
分野別単語　182
単語インデックス　190

Pelajaran 1

インドネシア語の文字と発音

インドネシア語が日本人にとって学びやすいと言われる1つの理由は、文字と発音が比較的簡単であるからだと言われています。文字は英語と同じアルファベットを使い、単語は日本語をローマ字表記したのを読む要領で発音すれば、若干の例外を除いてはおおむね正しく発音できるからです。言い換えれば、1つの綴りに対して何通りもの発音の仕方がないということです。見た通りに工夫せずに読めばよいわけです。インドネシア語大辞典（Kamus Besar Bahasa Indonesia）などでは、発音記号による単語の読み方の記載がなく、音節の区切り方が記載されています。

§1 文字

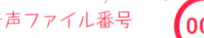

すでに述べたように、インドネシア語は独自の文字を持たず、英語と同じアルファベットを用います。文章の書き始めの最初の文字と、固有名詞の最初の文字は大文字で書き、それ以外は小文字で書きます。また、本来インドネシア語ではない単語を表記する場合は斜体で書きます。文章の終わりはピリオドを用います。下の表はアルファベットとその読み方です。

アルファベット		読み方	アルファベット		読み方
A	a	アー	L	l	エル
B	b	ベー	M	m	エム
C	c	チェー	N	n	エヌ
D	d	デー	O	o	オー
E	e	エー	P	p	ペー
F	f	エフ	Q	q	キー
G	g	ゲー	R	r	エル
H	h	ハー	S	s	エス
I	i	イ	T	t	テー
J	j	ジェー	U	u	ウー
K	k	カ	V	v	フェー

8

Pelajaran 1

W	w	ウェー	Y	y	イェー
X	x	エクス	Z	z	ゼッ

Cは、AC（エアコン）、WC（トイレ）のような外来語の省略形の場合は、セーと読む。ただし、CDやPCは英語読みでスィーティー、ピースィーと読む
Lの音は、舌先が上あごの裏につく感じで発音するときれい
Rの音は、舌先はどこにも触れず、巻き舌で発音するのがポイント

§2　母音 a, i, u, e, o

インドネシア語の母音は文字では5種類、発音では6種類あります。日本語の「あいうえお」と同じですが、eには2種類の発音があります。日本語と同じ「エ」と、もう1つは「エ」と「ウ」を混ぜたような曖昧音の「エ」です。

a	**ayah** アヤハ	父	**adik** アディック	年下の兄弟	**akal** アカル	知恵
i	**ibu** イブゥ	母	**idola** イドら	アイドル	**informasi** インフォルマスィ	情報
u	**udang** ウダン	海老	**udara** ウダラ	空気	**upacara** ウパチャラ	儀式
e	**enak** エナック	おいしい	**ekonomi** エコノミ	経済	**ekor** エコル	しっぽ
e	**empat** ウムパット	4	**enam** ウナム	6	**erat** ウラット	緊密な

└─ 曖昧音のeは発音が難しいという学習者が多い。しかし、日本語には似た音がたくさんある。例えば、「スラスラ」「スイカ」などの「ス」の音は子音sに曖昧音のeをのせた音に近い。また、単語の多くは曖昧音のeで発音するものが多い。特に接頭辞に含まれるeの音はすべて曖昧音

| o | **opa** オパ | おじいちゃん | **oma** オマ | おばあちゃん | **orang** オらン | 人 |

§3　二重母音 ai, au, oi

インドネシア語の二重母音は3つあります。例を読みながら練習しましょう。

| ai | **sampai** サムパイ | 着く | **pandai** パンダイ | 上手である | **badai** バダイ | 嵐 |

└─ ai は e、もしくは ei と発音されることがある

| au | **pulau** プらウゥ | 島 | **kalau** カらウゥ | もし〜ならば | **silau** スィらウゥ | まぶしい |

└─ au は o、もしくは ou と発音されることがある

| oi | **amboi** アムボイ | ああ！ | **sepoi-sepoi** スポイ スポイ | （風が）そよそよ |

9

§4 子音

インドネシア語の子音には次のようなものがあります。例を読みながら練習してみましょう。

b	**baca** バチャ	読む	**bicara** ビチャラ	しゃべる	**buah** ブアハ	果物
c	**cara** チャラ	方法	**coba** チョバ	試す	**cuci** チュチ	洗う
d	**datang** ダタン	来る	**durian** ドゥリアン	ドリアン	**dapat** ダパット	できる

最後が ng で終わる場合、舌先はどこにも触れず宙ぶらりんの鼻音（鼻にかかる音）。本書では ng の綴りのルビは、ひらがなの「ん」を使用します

f	**film** フィるム	映画	**foto** フォト	写真	**fakultas** ファクゥるタス	学部
g	**gajah** ガジャハ	象	**gelas** グらス	コップ	**gigi** ギギ	歯
h	**hari** ハリ	日	**hitam** ヒタム	黒	**hujan** フゥジャン	雨
j	**jalan** ジャらン	道	**Jepang** ジュぱン	日本	**jingga** ジンガ	橙色
k	**kakak** カカック	年上の兄弟	**kemarin** クマリン	昨日	**kursi** クゥルスィ	椅子
l	**lima** りマ	5	**lambat** らムバット	遅い	**leher** れヘル	首
	latihan らティハン	練習				

l＋母音の音は、舌先を上あごの裏につける要領で発音すればきれい！　本書では、l の綴りのルビはひらがなの「らりるれろ」を使用しています

m	**makanan** マカナン	食べ物	**minuman** ミヌゥマン	飲み物	**meja** メジャ	机
n	**nama** ナマ	名前	**negara** ヌガラ	国家	**turun** トゥルゥン	降りる

最後に n がある場合、舌先は上の前歯の裏にくっつけるイメージで発音するときれい。本書では、n の綴りのルビはカタカナの「ン」を使用しています

p	**paman** パマン	おじ	**pisau** ピサウ	ナイフ	**pohon** ポホン	木
	pelajaran プらジャラン	レッスン、課	**percakapan** プルチャカパン	会話		
q	**Quran** クゥルアン	コーラン				
r	**rambutan** ラムブゥタン	ランブータン	**rumah** ルゥマハ	家	**rok** ロック	スカート

r＋母音は、舌先はどこにも触れず、巻き舌で発音するのがポイント！　ちょっと難しいかも。本書では、r の綴りのルビはカタカナの「ラリルレロ」を使用しています

Pelajaran 1

s	**sabun** サブゥン	石鹸	**sekolah** スコラ	学校	**stasiun** スタスィウゥン	駅
t	**tahu** タフゥ	豆腐、知る	**televisi** テレフィスィ	テレビ	**teman** トゥマン	友達
v	**video** フィデオ	ビデオ	**visa** フィサ	ビザ	**vaksin** ファクスィン	ワクチン
w	**warna** ワルナ	色	**warung** ワルゥん	屋台	**weker** ウェクル	目覚まし時計
x	**sinar-X** スィナル エックス	エックス線				
y	**ya** ヤ	はい	**yayasan** ヤヤサン	財団	**yoga** ヨガ	ヨガ
z	**zakat** ザカット	喜捨	**zaman** ザマン	時代	**ziarah** ジィアラハ	墓参

§5 日本人が苦手な発音パターン

ng + 母音と g + 母音のパターンでは、明らかにそれぞれの音が違います。前者は鼻濁音であるのに対し、後者は濁音です。例を読みながらマスターしましょう。

ng + 母音の例

tangan 手 タンガン **dingin** 寒い、冷たい ディんギン **bangun** 起きる バングゥン
pangeran 王子 パんゲラン

タンガン、ディンギン、バングンなどとは読まない
この綴りの発音が苦手な学習者が多い。しかし、この鼻濁音のng+母音は、さながら演歌の世界。「連れて逃～～～げてよ～～～」の「逃げて」の「げ」は、ほとんどの日本人は鼻濁音で歌っているように聞こえます。
本書では、鼻濁音のngはひらがなで「ん」で、nのほうはカタカナで「ン」を使い分けてルビをふっています

g + 母音の例

gambar 絵 ガムバル **gitar** ギター ギタル **guru** 教師 グゥルゥ **geser** 寄せる ゲセル
goreng 油で揚げる ゴレん

日本語のガ行の濁音を発音する要領で発音します

§6 アクセント

英語などのように単語ごとに明確に第何音節にアクセントがあるというようなルールはなく、ほとんどの場合、最終音節から2番目の位置にアクセントがあるという目安です。とはいうものの、その位置に極端なアクセントをつけて発音すると不自然です。発音のコツは、「平坦に読む」を心がけるのがちょうどいいようです。

11

Pelajaran 2

日常よく使う表現を覚えましょう

Apa kabar? / Bagaimana kabarnya? アパ カバル　バガイマナ　カバルニャ	お元気ですか？
Baik-baik saja. / Biasa-biasa saja. バイク バイク サジャ ビアサ ビアサ サジャ	元気です。
Selamat pagi. スらマット　パギ	おはようございます。（午前10時頃まで）
Selamat siang. スらマット　スィアン	こんにちは。（午前10時頃から午後3時頃まで）

「こんにちは」が2種類あることに注意

Selamat sore. スらマット　ソレ	こんにちは。（午後3時頃から午後6時頃まで）
Selamat malam. スらマット　マらム	こんばんは。
Terima kasih banyak. トゥリマ カスィヒ バニャック	どうもありがとうございます。
Sama-sama. サマ　サマ	どういたしまして。
Sampai bertemu lagi. サムパイ　ブルトゥムゥ ラギ	またね。
Dadah! / Daah! ダダ　　ダア	バイバイ！
Maaf, ya. マアフ　ヤ	ごめんなさいね。
Selamat tahun baru! スらマット　タフゥン バルゥ	新年おめでとうございます！
Selamat hari ulang tahun! スらマット　ハリ ウらん タフゥン	お誕生日おめでとう！
Selamat hari raya Idul Fitri! スらマット　ハリ　ラヤ イドゥるフィトゥリ	断食明けおめでとうございます！

イスラム教徒が断食明けに使うあいさつです

Selamat hari Natal! スらマット　ハリ　ナタる	クリスマスおめでとうございます！
Selamat jalan. スらマット　ジャらン	さようなら。（遠くに旅立つ人に対し見送る人が言う）

旅立つ人と見送る人とで表現が異なります

Selamat tinggal. スらマット　ティンガる	さようなら。（遠くに旅立つ人が見送る人に対して言う）

Pelajaran 3

私は日本人です

Saya orang Jepang. サヤ　オラん　ジュパん	私は日本人です。
Anda orang dari mana? アンダ　オラん　ダリ　マナ	あなたはどちらの（国の）方ですか？
Siapa dia? スィアパ ディア	彼はどなたですか？
—Dia Handoyo. ディア ハンドヨ	彼はハンドヨです。

〖単語〗 saya 私　　orang 〜人　　Jepang 日本　　Anda あなた　　mana どこ
　　　　siapa 誰　　dia 彼、彼女

§1　人称代名詞

インドネシア語には多種類の人称代名詞があります。特に2人称の人称代名詞は、相手の性別、年齢、立場などにより使い分けなければなりません。

1人称

単数形		複数形	
saya サヤ 私	性別、年齢、立場に関係なくすべての人が自分を指すのに使う	**kami** カミ	話し相手を含まない場合の「私たち」
		kita キタ	話し相手を含む場合の「私たち」
aku アクゥ 僕、あたし	性別、年齢に関係なく使えるが、互いに親しい間柄でのみ使う		

2人称

単数形		複数形
Anda アンダ あなた	性別に関係なく初対面の相手に使う 広告や商品の説明などでよく見かける2人称の単数形	**Anda sekalian** アンダ スカリアン

13

kamu カムゥ 君	性別に関係なく親しい間柄で使う ビジネスの場面では使わない。親しい相手にだけ！	kalian カリアン
engkau ウンカウゥ 君	性別に関係なく親しい間柄で使う 日常ほとんど会話で使われることはない。受動態で使われる人称	kalian カリアン
Bapak バパック あなた	自分より年齢、立場が上の男性に使う	Bapak-bapak バパック バパック
Ibu イブゥ あなた	自分より年齢、立場が上の女性に使う	Ibu-ibu イブゥ イブゥ
Saudara サウゥダラ あなた	性別に関係なく自分と同等かそれ以下の人に使う 両性に使うことができる。その場合の複数形は、 Saudara-saudari［サウゥダラ サウゥダリ］とすることもできる	Saudara-saudara サウゥダラ サウゥダラ
Saudari サウゥダリ あなた	自分と同等かそれ以下の女性に使う	Saudari-saudari サウゥダリ サウゥダリ
Tuan トゥアン あなた、 ご主人様	外国人男性に使う 以前はよく使われたが、最近は使用頻度が低くなっている。 Tuanに代わって英語のMr.（Mister［ミストゥル］）を使う人が増えてきた	Tuan-tuan トゥアン トゥアン
Nyonya ニョニャ 奥様	外国人の既婚女性に使う インドネシア人同士でもIbuよりフォーマルな使い方として使われることもある。外国人女性にMs.［ミス］を使う人も多い	Nyonya-nyonya ニョニャ ニョニャ
Nona ノナ お嬢さん	未婚の若い女性に使う	Nona-nona ノナ ノナ

＊2人称の人称代名詞は、自分と相手の関係を考えて使い分けるのがポイント！

3人称

	単数形	複数形
dia ディア 彼、彼女	性別に関係なく使う。口語	mereka ムレカ
ia イア 彼、彼女	性別に関係なく使う。文語	mereka ムレカ
beliau ブリアウゥ あの方	性別に関係なく使うが、上の2つより相手に敬意をこめた言い方	mereka ムレカ

Pelajaran 3

§2 敬称

先の人称代名詞のうち、2人称単数形の人称代名詞は人名の前につけて敬称として使います。ただし、Anda［アンダ］、kamu［カムゥ］、engkau［ウンカウゥ］は敬称としては使われません。

Bapak Sato pegawai bank. 佐藤さんは銀行員です。
バパック サト プガワイ バンク

Ibu Ani guru bahasa Indonesia. アニさんはインドネシア語の教師です。
イブゥアニ グゥル バハサ インドネスィア

Saudara Hendrik mahasiswa Universitas Indonesia.
サウゥダラ ヘンドゥリック マハスィスワ ウゥニフルスィタス インドネスィア
ヘンドゥリックさんはインドネシア大学の学生です。

Tuan Kim orang Korea Selatan. キムさんは韓国人です。
トゥアン キム オラン コレア スらタン

[単語] pegawai 従業員　　bank 銀行　　guru 教師　　bahasa ～語、言語
Indonesia インドネシア　　mahasiswa 大学生　　universitas 大学
Korea Selatan 韓国（selatan 南）

§3 人称代名詞の格

インドネシア語の人称代名詞は、ごくわずかな例を除き、綴り上では格変化が起こらないのが特徴です。格は語順で判断します。人称代名詞を文頭に使えば主格、動詞の後ろに使えば目的格、名詞の後ろに使えば所有格として、それぞれ意味上の変化がおこります。この章では、主格と所有格について説明します。

(1) 文頭に人称代名詞がある場合、その人称代名詞は主語であり主格です。

Saya pegawai kantor. 私は会社員です。
サヤ プガワイ カントル

Dia ibu rumah tangga. 彼女は主婦です。
ディア イブゥ ルゥマハ タンガ

Mereka mahasiswa. 彼らは大学生です。
ムレカ マハスィスワ

(2) 名詞の後ろに人称代名詞がある場合、その人称代名詞は所有格になります。

Nama saya Ichiro. 私の名前は一郎です。
ナマ サヤ イチロ

Beliau guru kami. あの方は私たちの先生です。
ブリアウゥ グゥルゥ カミ

(3) 1人称の aku と2人称の kamu、3人称の dia の所有格は形が変化し、所有する名詞の後ろにくっついて1語になります。

・aku は -ku になります。　　　　　ibu(母)＋aku(僕、あたし)

Dia ibuku. 彼女は僕の母です。
ディア イブゥクゥ

15

・kamu [カムゥ] は -mu [ムゥ] になります。

Beliau gurumu.　　　　　　　あの方は君の先生です。
ブリアウ　グルムゥ

guru(先生)＋kamu(君)

・dia [ディア] は -nya [ニャ] になります。

Beliau ayahnya.　　　　　　　あの方は彼のお父様です。
ブリアウゥ　アヤハニャ

ayah(父)＋dia(彼、彼女)

[単語] kantor 会社　　ibu rumah tangga 主婦（ibu 婦人、母　rumah tangga 家庭）
nama 名前

§4 疑問詞 siapa [スィアパ]　(011)

人に名前をたずねる時は、siapa [スィアパ]「誰」を使います。

Siapa namanya?　　　お名前は？　　この -nya は、「彼の」「彼女の」という
スィアパ　ナマニャ　　　　　　　　　　意味ではなく、「あなたの」の意味です。
Siapa nama Anda?　　お名前は？　　慣用句として覚えましょう
スィアパ　ナマ　アンダ
Siapa nama anak Bapak?　あなたのお子さんのお名前は？
スィアパ　ナマ　アナック　バパック

誰のものかをたずねる場合は、名詞の後ろに siapa を使います。

Mobil siapa?　　　　　どなたの車ですか？
モビル　スィアパ
Rumah siapa?　　　　どなたのお宅ですか？
ルゥマハ　スィアパ

[単語] anak 子ども　　mobil 車　　rumah 家

便利なコモノ　dan [ダン]

　dan は「～と」、「そして」という意味の接続詞。bapak dan ibu [バパック　ダン　イブゥ]「父と母」、Jepang dan Indonesia [ジュパん　ダン　インドネスィア]「日本とインドネシア」のように使えます。guru, murid dan orang tua [グゥルゥ　ムゥリッド　ダン　オラン　トゥア]「教師、生徒、そして両親」のように３つ以上のものをつなぐ場合は、最後から二番目と最後の単語の間に dan を使うとスッキリ！

[単語] bapak 父　　murid 生徒　　orang tua 両親（orang 人　tua 老いた、古い）

16

Pelajaran 3

Percakapan　会話　⑫

Ichiro: Selamat pagi.
　　　　Nama saya Ichiro.
　　　　Siapa namanya?
Handoyo: Selamat pagi, Bapak Ichiro.
　　　　　Saya Handoyo.
Ichiro: Bapak Handoyo orang dari mana?
Handoyo: Saya orang Jawa.
　　　　　Bapak Ichiro orang dari mana?
Ichiro: Saya orang Jepang.

一郎： おはようございます。
　　　 私の名前は一郎です。
　　　 お名前は？
ハンドヨ： 一郎さん、おはようございます。
　　　　　 私はハンドヨです。
一郎： ハンドヨさんは、何人ですか？
ハンドヨ： 私はジャワ人です。
　　　　　 一郎さんは何人ですか？
一郎： 私は日本人です。

 orang Jawa ジャワ人

17

Latihan　練習

次の日本語をインドネシア語に訳しましょう。

(1) 彼はインドネシア人です。

_____

(2) 私たちは日本人です。（相手を含まない私たち）

_____

(3) あの方は日本語教師です。

_____

(4) 私とカルティカ（Kartika）はハンドヨの友達です。

_____

(5) 彼女は誰のお母さんですか？

_____

(6) 私の名前は○○○○○です。

_____

(7) あれは彼らのオフィスです。

_____

(8) あなたは何人ですか？

_____

(9) どなたの携帯電話ですか？

_____

(10) 彼女のパソコンです。

_____

ヒント

日本語教師 guru bahasa Jepang　　友達 teman ［トゥマン］　　あれは itu ［イトゥ］
オフィス kantor ［カントル］　　携帯電話 HP ［ハーペー］
パソコン PC ［ピースィー］, komputer ［コンプゥトル］

Pelajaran 4

これは何ですか？

Apa ini?
アパ イニ
— **Ini mangga.**
イニ マンガ
Apa itu?
アパ イトゥ
— **Itu mesjid.**
イトゥ ムスジッド

これは何ですか？

これはマンゴーです。

あれは何ですか？

あれはモスクです。

【単語】 apa 何　　ini これ　　mangga マンゴー　　itu あれ、それ　　mesjid モスク

§1 指示代名詞

　インドネシア語の指示代名詞は、近くのものを指す時に使う ini [イニ] と、遠くのものを指す時に使う itu [イトゥ] があります。「これは○○です」は Ini ○○ . 、「あれは・それは○○です」は Itu ○○ . となります。これらの指示代名詞は、人、もの、動物などあらゆるものに対して使います。なお、一般にインドネシア語では、「～です」にあたる語を使いません。

Ini sepeda motor saya.
イニ スペダ モトル サヤ
Itu sepeda buatan Jepang.
イトゥ スペダ ブアタン ジュパン
Ini suami Ibu Lani.
イニ スゥアミ イブゥ ラニ
Itu istri Bapak Joko.
イトゥ イストゥリ バパック ジョコ

これは私のバイクです。

あれは日本製の自転車です。

こちらはラニさんのご主人です。

あちらはジョコさんの奥様です。

【単語】 sepeda motor バイク（sepeda 自転車　motor モーター）　　buatan ～製　　suami 夫
　　　istri 妻

§2 指示代名詞を修飾語として使う

インドネシア語の修飾語と被修飾語の語順は、おおむね日本語のそれと逆になります。これを DM の法則といいます。例えば、「この本」という場合は、「本→この」の語順になり buku ini [ブックゥ イニ] と言います。

Buku ini buku saya. この本は私の本です。
ブックゥ イニ ブックゥ サヤ

Kamus itu kamus bahasa Indonesia.
カムゥス イトゥ カムゥス バハサ インドネシア
　　　　　　　　　　　　　　　その辞書はインドネシア語の辞書です。

単語　buku 本　　kamus 辞書

§3 疑問詞 apa [アパ]

人以外の名前をたずねる場合は、疑問詞 apa [アパ]「何」を使います。

Apa ini? これは何ですか？
アパ イニ　　　Ini apa? の語順でも使える

—Ini sambal. これはサンバルです。
イニ サムバル

Apa itu? あれは（それは）何ですか？
アパ イトゥ　　　Itu apa? の語順でも使える

—Itu kobokan. それはフィンガーボールです。
イトゥ コボカン

Majalah apa ini? これは何の雑誌ですか？
マジャらハ アパ イニ　　　Ini majalah apa? の語順でも使える

—Itu majalah ekonomi. それは経済誌です。
イトゥ マジャらハ エコノミ

Buku pelajaran apa itu? それは何の教科書ですか？
ブックゥ プらジャラン アパイトゥ
　　　　　　　　　　Itu buku pelajaran apa? の語順でも使える

—Itu buku pelajaran bahasa Inggris. それは英語の教科書です。
イトゥ ブックゥ プらジャラン バハサ いんグリス

単語　sambal サンバル（チリソース）
　　　kobokan フィンガーボール（手で食べる食事スタイルの時に指を洗うために使うもの）
　　　majalah 雑誌　　ekonomi 経済　　buku pelajaran 教科書
　　　bahasa Inggris 英語（Inggris 英国）

20

Pelajaran 4

§4 はい、いいえ式の疑問文

　答えに「はい」「いいえ」を求める疑問文は、下の3通りの方法で作ることができます。(1)と(2)は日常会話でよく用いられます。(3)はもっともフォーマルな疑問文のパターンです。

(1) 平叙文を尻上がりに発音する

　　Itu stasiun Gambir?　　　　　　　あれはガンビル駅ですか？
　　イトゥ スタスィウゥン ガムビル

(2) 平叙文の文頭に Apa [アパ] をつける

　　Apa itu stasiun Gambir?　　　　　あれはガンビル駅ですか？
　　アパ イトゥ スタスィウゥン ガムビル

(3) 平叙文の文頭に Apakah [アパカハ] をつける

　　Apakah itu stasiun Gambir?　　　あれはガンビル駅ですか？
　　アパカハ イトゥ スタスィウゥン ガムビル

[単語] stasuin 駅　　Gambir（ジャカルタ中心部にある地域名）

§5 「はい」と「いいえ」

　「はい」は Ya [ヤ]、「いいえ」は Bukan [ブゥカン] を使って答えます。また、名詞を否定する否定詞は bukan [ブゥカン] で、否定する名詞の前に置いて使います。bukan は「いいえ」と「～ではない」の両方の意味で使います。

Apa wanita itu kakak perempuan Ibu?
アパ　ワニタ　イトゥ カカック　プルムプゥアン　イブゥ
　　　　　　　　　　　　　　　あちらの女性はあなたのお姉さんですか？

—Ya, itu kakak perempuan saya.　　はい、あちらは私の姉です。
　ヤ イトゥ カカック　プルムプゥアン　　サヤ

—Bukan, itu bukan kakak perempuan saya.
　ブゥカン イトゥ ブゥカン カカック プルムプゥアン　サヤ
　　　　　　　　　　　　　　　いいえ、あちらは私の姉ではありません。

Apa pria itu kakak laki-laki Ibu?　あちらの男性はあなたのお兄さんですか？
アパ プリア イトゥ カカック ラキ ラキ イブゥ

—Ya, itu kakak laki-laki saya.　　はい、あちらは私の兄です。
　ヤ イトゥ カカック ラキ ラキ サヤ

—Bukan, itu bukan kakak laki-laki saya.
　ブゥカン イトゥ ブゥカン カカック ラキ ラキ サヤ
　　　　　　　　　　　　　　　いいえ、あちらは私の兄ではありません。

[単語] ya はい　　bukan いいえ、～ではない　　wanita 女性
　　　kakak perempuan 姉（kakak 年上の兄弟　perempuan 女）　　pria 男性
　　　kakak laki-laki 兄（laki-laki 男）

21

§6 付加疑問文「〜ですよね？」

§5で学習した bukan は、文末につければ「〜ですよね？」を意味する付加疑問文を作ることができます。

Wanita itu kakak perempuan Ibu, bukan?
ワニタ イトゥ カカック プルムプゥアン イブゥ ブゥカン

あの女性はあなたのお姉さんですよね？

—Ya, dia kakak perempuan saya.
ヤ ディア カカック プルムプゥアン サヤ

はい、彼女は私の姉です。

—Bukan, dia bukan kakak perempuan saya.
ブゥカン ディア ブゥカン カカック プルムプゥアン サヤ

いいえ、彼女は私の姉ではありません。

Pria itu bukan adik laki-lakinya, bukan?
プリア イトゥ ブゥカン アディック らキラキニャ ブゥカン

あの男性は彼の弟ではありませんよね？

—Ya, itu bukan adik laki-lakinya.
ヤ イトゥ ブゥカン アディック らキラキニャ

はい、あちらは彼の弟ではありません。

—Bukan, itu adik laki-lakinya.
ブゥカン イトゥ アディック らキラキニャ

いいえ、あちらは彼の弟です。

付加疑問文の答え方は、日本語の場合と同じように考えればよい。否定の付加疑問文では、「はい、〜ではありません」「いいえ、〜です」と答える

【単語】 ya はい　　bukan いいえ、〜ではない
adik laki-lakinya 彼の弟（adik laki-laki 弟＋-nya（dia 彼、彼女の所有形））

便利なコモノ　tetapi [トゥタピ]

tetapi は「しかし」という意味の接続詞。Ini bukan kakak perempuan saya, tetapi teman saya. [イニ ブゥカン カカック プルムプゥアン サヤ トゥタピ トゥマン サヤ]「こちらは私の姉ではなく、私の友人です」のように使います。文頭に使う場合は、口語では Tetapi ○○○, と使われることが多いですが、文語では Akan tetapi, ○○○の方がよいです。また、日常会話では、tetapi を tapi と言うことがよくあります。

Pelajaran 4

Percakapan　会話

Handoyo: Bapak Ichiro, ini istri saya.

Ibu Handoyo: Selamat siang. Nama saya Maria.

Ichiro: Selamat siang.

Saya Ichiro, teman Bapak Handoyo.

Ini anak Bapak dan Ibu?

Handoyo: Ya, ini anak kami, Siti.

Ibu Handoyo: Itu anak Bapak?

Ichiro: Bukan.

Itu bukan anak saya, tetapi teman anak saya.

ハンドヨ：	一郎さん、こちらは私の妻です。
ハンドヨ夫人：	こんにちは。私の名前はマリアです。
一郎：	こんにちは。
	私はハンドヨさんの友人の一郎です。
	こちらはお二人のお子さんですか？
ハンドヨ：	はい、こちらは私たちの子どものシティです。
ハンドヨ夫人：	あちらはあなたのお子さんですか？
一郎：	いいえ。
	あちらは私の子どもではなく、私の子どもの友達です。

Latihan　練習

次の日本語をインドネシア語に訳しましょう。

(1) これは何ですか？
　　_____

(2) それは日本の雑誌ですか？
　　_____

(3) いいえ、それは日本の雑誌ではなく、インドネシアの雑誌です。
　　_____

(4) はい、これは日本の雑誌です。
　　_____

(5) あちらはシティ（Siti）さんの妹ですか？
　　_____

(6) これはジャワ料理ですよね？
　　_____

(7) はい、それはジャワ料理です。
　　_____

(8) それはトラジャコーヒーではないですよね？
　　_____

(9) はい、これはトラジャコーヒーではありません。
　　_____

(10) いいえ、これはトラジャコーヒーです。
　　_____

ヒント

adik perempuan ［アディック　プルムプゥアン］妹
masakan Jawa ［マサカン　ジャワ］ジャワ料理
kopi Toraja ［コピ　トラジャ］トラジャコーヒー（スラウェシ島のトラジャ地方で栽培されているコーヒー）

Pelajaran 5

このバナナの値段はいくらですか？

Berapa harga pisang ini?
ブラパ　ハルガ　ピサン　イニ

—**10.000 rupiah.**
スプゥルゥフ　リブゥルゥピアハ

このバナナの値段はいくらですか？

1万ルピアです。

Berapa nomor HP Bapak?
ブラパ　ノモル　ハーペー　ババッㇰ

—**081235692102.**

あなたの携帯電話の番号は何番ですか？

081235692102です。

nol delapan satu dua tiga lima enam sembilan dua satu nol dua
ノル　ドゥラパン　サトゥ　ドゥア　ティガ　リマ　ウナム　スムビらン　ドゥア　サトゥ　ノる　ドゥア

[単語] berapa いくら、いくつ　　harga 値段　　pisang バナナ
rupiah ルピア（インドネシアの通貨単位）　　nomor 番号　　HP 携帯電話

§1　基数

数字を覚えましょう。ゼロは nol [ノる] または kosong [コソン] です。1以降は下の表を見ながら練習しましょう。

1 satu サトゥ	6 enam ウナム	11 sebelas スブらス	16 enam belas ウナム　ブらス
2 dua ドゥア	7 tujuh トゥジュゥフ	12 dua belas ドゥア　ブらス	17 tujuh belas トゥジュゥフ　ブらス
3 tiga ティガ	8 delapan ドゥらパン	13 tiga belas ティガ　ブらス	18 delapan belas ドゥらパン　ブらス
4 empat ウムパット	9 sembilan スムビらン	14 empat belas ウムパット　ブらス	19 sembilan belas スムビらン　ブらス
5 lima リマ	10 sepuluh スプゥルゥフ	15 lima belas リマ　ブらス	20 dua puluh ドゥア　プゥルゥフ

100 seratus スラトゥス	1.000 seribu スリブゥ	10.000 sepuluh ribu スプゥるゥフ　リブゥ	100.000（10万） seratus ribu スラトゥス　リブゥ
200 dua ratus ドゥア　ラトゥス	2.000 dua ribu ドゥア　リブゥ	40.000 empat puluh ribu ウムパット　プゥるゥフ　リブゥ	1.000.000（100万） sejuta / satu juta スジュウタ / サトゥ　ジュウタ
350 tiga ratus lima puluh ティガ　ラトゥス　りマ　プゥるゥフ	5.000 lima ribu りマ　リブゥ	70.000 tujuh puluh ribu トゥジュウフ　プゥるゥフ　リブゥ	10.000.000（1000万） sepuluh juta スプゥるゥフ　ジュウタ
500 lima ratus りマ　ラトゥス	8.100 delapan ribu seratus ドゥらパン　リブゥ　スラトゥス	83.000 delapan puluh tiga ribu ドゥらパン　プゥるゥフ　ティガ　リブゥ	100.000.000（1億） seratus juta スラトゥス　ジュウタ
712 tujuh ratus dua belas トゥジュウフ　ラトゥス　ドゥア　ブらス	9.500 sembilan ribu lima ratus スムビらン　リブゥ　りマ　ラトゥス	98.000 sembilan puluh delapan ribu スムビらン　プゥるゥフ　ドゥらパン　リブゥ	1.000.000.000（10億） satu miliyar サトゥ　ミるヤル

(1) 1から9までの数字はとても重要です。桁が大きくなっても必ず使われますので、しっかり覚えましょう。

(2) 10の位はpuluh［プゥるゥフ］です。10の場合は、1つの10の位と考えsepuluh［スプゥるゥフ］と言います。se-［ス］はsatu［サトゥ］、つまり1の意味で、puluhとくっついて一語になります。20、30は、2つ、3つの10の位と考え、それぞれdua puluh［ドゥア　プゥるゥフ］、tiga puluh［ティガ　プゥるゥフ］と言います。この場合は単語は2つに分けて表記します。

(3) 11から19までの数はbelas［ブらス］を使います。belasは10代のという意味で、11はsebelas［スブらス］、12はdua belas［ドゥア　ブらス］と言います。言い方のポイントは、1桁目の数を先に読み、続いてbelasを付け加えます。

(4) 百の位はratus［ラトゥス］です。100の場合は1つの100の位と考えseratus［スラトゥス］と言います。10と同様、se-［ス］はsatu［サトゥ］、つまり1の意味で、ratusとくっついて一語になります。se-については、これより大きな位の場合にも同様に se-＋位を表す単語 で表します。

Pelajaran 5

(5) 千の位は ribu ［リブゥ］です。数字の表記方法で注意しなければならないのは、3桁ごとに区切る点に「.」を用いることです。「,」は小数点を表します。千は 1.000 と書きます。

(6) 1万は10の千の位と考え、sepuluh ribu ［スプゥるゥフ　リブゥ］と言います。インドネシア語には「万」の桁を表す単語がなく、千がいくつかという考え方をします。

(7) 100万の位は juta ［ジュタ］です。100万は sejuta ［スジュタ］、または satu juta ［サトゥ　ジュタ］と言います。

(8) 1.000万は10個の100万とみなして、sepuluh juta ［スプゥるゥフ　ジュタ］と言います。

(9) 1億は100個の100万と考え、seratus juta ［スラトゥス　ジュタ］と言います。

(10) どのような桁の数でも、その数の最大の位がいくつ、次の位がいくつという要領で読めばよいのです。いろいろな数を想定して練習してみてください。

§2 価格、数量、番号、サイズをたずねる疑問詞 berapa ［ブラパ］

答えが数字になる疑問文には、疑問詞 berapa「いくら」「いくつ」を使います。

(1) 価格　harga ［ハルガ］

Berapa ini? これはいくらですか？
ブラパ　イニ

Berapa harga AC itu? あのエアコンの値段はいくらですか？
ブラパ　ハルガ　アーセー　イトゥ

(2) 数量　kuantitas ［クゥアンティタス］

Berapa banyak? どのくらいの量ですか？
ブラパ　バニャック

Berapa liter? 何リットルですか？
ブラパ　リットゥル

(3) 番号　nomor ［ノモル］

Berapa nomor telepon kantor? 会社の電話番号は何番ですか？
ブラパ　ノモル　テレポン　カントル

Berapa nomor kamar Ibu? あなたの部屋番号は何番ですか？
ブラパ　ノモル　カマル　イブゥ

27

(4) サイズ　ukuran ［ウゥクラン］
　　Berapa ukuran baju kaos itu?　　あのTシャツのサイズはいくつですか？
　　ブラパ　ウゥクラン バジュゥ カオス イトゥ
　　Berapa ukuran sepatu Bapak?　　あなたの靴のサイズはいくつですか？
　　ブラパ　ウゥクラン　スパトゥ　ババック

【単語】AC エアコン　　banyak たくさんの　　liter リッター　　telepon 電話
　　　kamar 部屋　　ukuran サイズ　　baju kaos Tシャツ（baju シャツ、服）
　　　sepatu 靴

市場で野菜を売る人

便利なコモノ　atau ［アタウゥ］

　atau は「〜または〜」という意味の接続詞。選択肢を提示する表現に使います。Ini atau itu? ［イニ　アタウゥ　イトゥ］「これですか、それともあれですか？」、HP atau telepon rumah? ［ハーペー　アタウゥ　テレポン　ルゥマハ］「携帯電話ですか、それとも自宅の電話ですか？」のように使います。

Pelajaran 5

Percakapan　会話

Handoyo:　Berapa nomor HP Ibu?
　　　　　　ブラパ　　ノモル　ハーペー　イブゥ
Risa:　　　Nomor HP saya 081295234619.
　　　　　　ノモル　ハーペー　サヤ

nol delapan satu dua sembilan lima dua tiga empat enam satu sembilan
ノる ドゥらパン サトゥ ドゥア スムビらン リマ ドゥア ティガ ウムパット ウナム サトゥ スムビらン

Handoyo:　Saya ulangi ya, 081295234619.
　　　　　　サヤ　ウゥらンギ　ヤ
Risa:　　　Betul.
　　　　　　ブトゥる
　　　　　　Berapa nomor HP Bapak?
　　　　　　ブラパ　　ノモル　ハーペー　バパック
Handoyo:　081854638541.

nol delapan satu delapan lima empat enam tiga delapan lima empat satu
ノる ドゥらパン サトゥ ドゥらパン リマ ウムパット ウナム ティガ ドゥらパン リマ ウムパット サトゥ

ハンドヨ：　あなたの携帯電話の番号は何番ですか？
リサ：　　　私の携帯電話の番号は 081295234619 です。
ハンドヨ：　（私は）繰り返しますね、081295234619。
リサ：　　　合っています。
　　　　　　あなたの携帯電話の番号は何番ですか？
ハンドヨ：　081854638541。

単語　ulangi 繰り返す　　ya（文末で）〜ね　　betul 正しい

Latihan　練習　027

次の日本語をインドネシア語に訳しましょう。

(1) それはいくらですか？

(2) そのワイシャツのサイズはいくつですか？

(3) このスマートフォンはいくらですか？

(4) ジョコ（Joko）さんのご自宅の電話番号は何番ですか？

(5) この腕時計の値段は 25.000 円です。

(6) 私の携帯電話番号は、09012368945 です。

(7) 何キログラムですか？

(8) 何メートルですか？

(9) あなた（Bapak）のパスポート番号は何番ですか？

(10) 私の靴のサイズは 39 です。

ヒント

kemeja ［クメジャ］ ワイシャツ　　arloji ［アルロジ］, jam tangan ［ジャム タンガン］ 腕時計
kilogram ［キログラム］ キログラム　　meter ［メトゥル］ メートル　　paspor ［パスポル］ パスポート

Pelajaran 6

何人ですか？

Berapa orang? ブラパ　オラん	何人ですか？
—Tiga orang. ティガ　オラん	3人です。
Berapa porsi? ブラパ　ポルスィ	何人前ですか？
—Dua porsi. ドゥア　ポルスィ	2人前です。

単語　porsi ～人前

§1　助数詞：人、動物、物を数える

日本語ほど細かな区別はありませんが、インドネシア語にも助数詞があります。数える対象物と助数詞の組み合わせを覚えましょう。ここでは使用頻度の高い助数詞を紹介します。助数詞を使う場合の語順は、日本語と同様に、物の数量→助数詞→数える対象物の名前　の順です。

orang　人数を言う時に使う
オラん

　　seorang sopir　一人の運転手
　　スオラん　ソピル

se + orang　se- は「1」（5課 §1）

buah　人以外の多くの物に使う
ブゥアハ

　　dua buah taksi　2台のタクシー
　　ドゥア ブゥアハ タクスィ
　　tiga buah rumah　3軒の家
　　ティガ ブゥアハ ルゥマハ
　　empat buah semangka　4個のスイカ
　　ウムパット ブゥアハ　スマんカ

buah は広範囲にわたって使うことができます。極論を言えば、人でもなく動物でもないほとんどのものは buah を使って数えることができます。迷ったら buah を！

ekor　動物を数える時に使う
エコル

　　lima ekor ayam　5羽の鶏
　　リマ　エコル　アヤム
　　seekor ikan　1匹の魚
　　スエコル　イカン

se + ekor

　　dua ekor gajah　2頭の象
　　ドゥア　エコル　ガジャハ

lembar 紙などを数える時に使う
ルンバル

　　selembar kertas fotocopy　1枚のコピー用紙
　　スルンバル　クルタス　フォトコピ

　　　　← se + lembar

butir 形状が珠、粒の物を数える時に使う
ブゥティル

　　dua butir telur bebek　2個のアヒルの卵
　　ドゥア ブゥティル トゥルゥル ベベック

biji 種のような小さい粒状の物を数える時に使う
ビジ

　　tiga biji pil　3粒のピル
　　ティガ ビジ ピル

potong 料理などで一皿、あるいは一人前が何切れかを数える時に使う
ポトン

　　lima potong ayam goreng　5切れのアヤム・ゴレン
　　リマ　ポトン　アヤム　ゴレン

[単語] sopir 運転手　　taksi タクシー　　ayam 鶏　　ikan 魚　　gajah 象　　kertas 紙　　fotocopy コピー　　telur 卵　　bebek アヒル　　pil 錠剤　　ayam goreng アヤム・ゴレン（インドネシア風フライドチキン：ayam 鶏　goreng 揚げる、炒める）

§2　助数詞：容器を助数詞として使う

030

piring 皿（料理を数える時）
ピリン

　　→ **sepiring nasi putih**　1皿のご飯
　　　スピリン　ナシプゥティヒ

se + piring

porsi 〜人前（料理を数える時）
ポルスィ

　　dua porsi kangkung cah　2人前の空芯菜炒め
　　ドゥア ポルスィ　カンクゥン　チャハ

gelas コップ
グラス

　　tiga gelas es teh　コップ3杯のアイスティー
　　ティガ グラス エス テヘ

cangkir ティーカップ
チャンキル

　　tiga cangkir kopi Lampung　3杯のランプンコーヒー
　　ティガ チャンキル　コピ　ラムプゥン

32

Pelajaran 6

botol 瓶
ボトル

    empat botol bir Bintang 4本のビンタンビール
    ウムパット ボトる ビル ビンタん

kaleng 缶
カれん

    lima kaleng jus apel 5缶のリンゴジュース
    りマ カれん ジュっスアプる

sendok スプーン
センドック

    dua sendok gula スプーン2杯の砂糖
    ドゥア センドック グら

[単語] nasi putih ご飯（nasi ライス　putih 白い）　　kangkung 空芯菜　　cah 炒める
es teh アイスティー（es 氷　teh 紅茶、お茶）　　kopi コーヒー
Lampung ランプン（南スマトラの地方名）　　bir ビール
Bintang ビンタン（インドネシアにあるビールの銘柄：bintang 星）　　jus ジュース
gula 砂糖

西ジャワ地方スンダ料理

便利なコモノ　sisir [スィスィル]

　sisirは本来、「櫛」という意味の名詞として使われますが、これを助数詞に使う場合もあります。何を数える時？　答えはバナナです。バナナ1房、2房と数える場合は、その形状が櫛に似ていることからsisirを使って数えます。sesisir pisang [ススィスィル ピさん]「バナナ1房」、dua sisir pisang [ドゥア スィスィル ピさん]「バナナ2房」のように使います。

Percakapan　会話　(031)

Pelayan: Selamat malam. Berapa orang?
スラマット　マラム　ブラパ　オラン

Handoyo: Tiga orang, Bu.
ティガ　オラン　ブゥ

Pelayan: Minumnya?
ミヌゥムニャ

Handoyo: Dua gelas es teh manis, dan segelas es teh tawar.
ドゥア　グラス　エス　テヘ　マニス　ダン　スグラス　エス　テヘ　タワル

Risa: Satu porsi ayam goreng dapat berapa potong?
サトゥ　ポルスィ　アヤム　ゴレン　ダパット　ブラパ　ポトン

Pelayan: Dua potong, Bu.
ドゥア　ポトン　ブゥ

Risa: Dua porsi ayam goreng, tiga piring nasi putih, satu porsi tumis sayur hijau, dan dua porsi tempe goreng.
ドゥア　ポルスィ　アヤム　ゴレン　ティガ　ピリン　ナスィプゥティヒ　サトゥ　ポルスィ　トゥミス　サユゥル　ヒジャゥ　ダン　ドゥア　ポルスィ　テムペ　ゴレン

Pelayan: Baik.
バイク

店員：　こんばんは。
　　　　何名様ですか？

ハンドヨ：　3名です。

店員：　お飲み物は？

ハンドヨ：　アイススイートティーが2杯、そしてアイスストレートティーが1杯。

リサ：　アヤム・ゴレン1人前は何切れ？

店員：　2切れです。

リサ：　アヤム・ゴレン2人前、ご飯が3皿、青菜炒めが1人前、それとテンペ・ゴレンが2人前。

店員：　かしこまりました。

【単語】 pelayan ウエイター　　Bu（相手の女性を敬う意味で文末に付ける）
minumnya 飲み物は（minum 飲む +-nya）　　manis 甘い　　tawar 味のない、ストレートな
dapat 手に入れる、得る　　tumis sayur hijau 青菜炒め（tumis 炒め　sayur 野菜　hijau 緑色の）
tempe テンペ（大豆の発酵食品）　　Baik. かしこまりました

Pelajaran 6

Latihan　練習

(　　　) に適切な助数詞を入れて、訳してみましょう。

(1) sepuluh (　　　) nanas

___

(2) lima (　　　) polisi

___

(3) tiga (　　　) mobil

___

(4) dua (　　　) kambing

___

(5) tujuh (　　　) nasi goreng

___

(6) se(　　　) kopi susu

___

(7) tiga (　　　) Coca-Cola

___

(8) delapan (　　　) kertas

___

(9) sepuluh (　　　) telur ayam

___

(10) tiga (　　　) garam

___

単語　nanas［ナナス］パイナップル　　polisi［ポリスィ］警察、警察官
　　　kambing［カムビん］ヤギ　　susu［スゥスゥ］牛乳、ミルク
　　　Coca-Cola［コカ　コら］コカ・コーラ　　garam［ガラム］塩

35

Pelajaran 7

結婚披露宴はいつですか？

Kapan pesta pernikahan Andi?
カパン　ペスタ　プルニカハン　アンディ
アンディの結婚披露宴はいつですか？

—Tanggal 10 bulan Desember.
タンガル スプゥるゥッ ブゥらン デセムブル
12月10日です。

Kapan hari ulang tahun Ibu?
カパン　ハリ　ウらン　タフゥン　イブゥ
あなたの誕生日はいつですか？

—Tanggal 17 bulan Agustus.
タンガル トゥジュウッブらス ブゥらン アグストゥス
8月17日です。

単語　kapan いつ　pesta パーティー　pernikahan 結婚　tanggal 日付
bulan Desember 12月（bulan 月）　hari ulang tahun 誕生日
bulan Agustus 8月

§1　時をたずねる疑問詞 kapan [カパン]

「いつ？」と時をたずねる場合は、疑問詞 kapan を使います。日付を言う場合には tanggal [タンガル] を使い、日本語の言い方とは逆の順に、日付→月→年号 の順に言います。

Kapan pesta pernikahan Andi?
カパン　ペスタ　プルニカハン　アンディ
アンディの結婚披露宴はいつですか？

—Tanggal 10 bulan Desember.
タンガル スプゥるゥッ ブゥらン デセムブル
12月10日です。

§2　曜日と月名

曜日と月名を覚えましょう。曜日は hari [ハリ]、月は bulan [ブゥらン] といいます。

Minggu は M を大文字で書けば日曜の意味、小文字で書けば週の意味

hari Minggu	hari Senin	hari Selasa	hari Rabu
ハリ ミングゥ	ハリ スニン	ハリ スらサ	ハリ ラブゥ
日曜日	月曜日	火曜日	水曜日
hari Kamis	hari Jumat	hari Sabtu	hari libur
ハリ カミス	ハリ ジュマット	ハリ サプトゥ	ハリ りブゥル
木曜日	金曜日	土曜日	休日

36

Pelajaran 7

bulan Januari ブゥラン ジャヌゥアリ 1月	bulan Februari ブゥラン フェブルゥアリ 2月	bulan Maret ブゥラン マルット 3月	bulan April ブゥラン アプリる 4月
bulan Mei ブゥラン メイ 5月	bulan Juni ブゥラン ジュゥニ 6月	bulan Juli ブゥラン ジュゥリ 7月	bulan Agustus ブゥラン アグストゥス 8月
bulan September ブゥラン セプテムブル 9月	bulan Oktober ブゥラン オクトブル 10月	bulan November ブゥラン ノフェムブル 11月	bulan Desember ブゥラン デセムブル 12月

§3 曜日や月名をたずねる 〔036〕

　曜日や月名をたずねる場合は、疑問詞 apa［アパ］「何」を使います。それは、答えが数字ではなく、それぞれ曜日や月の名前で答えるからです。

Besok hari apa?　　　　　　　　　明日は何曜日ですか？
ベソック　ハリ　アパ
—Hari Sabtu.　　　　　　　　　　土曜日です。
　ハリ　サブトゥ
Bulan apa sekarang?　　　　　　　今、何月ですか？
ブゥラン　アパ　スカラん
—Bulan April.　　　　　　　　　　4月です。
　ブゥラン アプリる

〔単語〕besok 明日　　sekarang 今

§4 日付や年号をたずねる 〔037〕

　日付や年号、年代をたずねる場合は、前の課で学習した疑問詞 berapa［ブラパ］「いくつ」を使います。それは、答えが数字だからです。

Hari ini tanggal berapa?　　　　　今日は何日ですか？
ハリ　イニ　たんがる　ブラパ
　　　　　　　　　　　　lima
—Tanggal 5 bulan Juli.　　　　　　7月5日です。
　たんがる りまブゥランジュゥり
Tahun ini tahun berapa?　　　　　今年は何年ですか？
タフゥン　イニ タフゥン　ブラパ
—Tahun 2015.　　　　　　　　　　2015年です。
　タフゥン ドゥア リブゥ りマ ブらス
　　　　　　　　　dua ribu lima belas

37

§5 時を表す副詞

kemarin dulu	kemarin	hari ini	besok	lusa	sekarang
クマリン ドゥるゥ	クマリン	ハリ イニ	ベソック	るゥサ	スカラん
一昨日	昨日	今日	明日	明後日	今

kemarin は「昨日」という意味の他に、「先日」という意味で過去のことを表現するのによく使われます。同様に、besok は「明日」という意味の他に、「後日」「今度」という意味で将来のことを表現するのに使われます。会話では、これらの用例が多いので単純に、「昨日」「明日」と思い込まないことが大事

* 過去の時の表現は、 ~ ○ yang lalu [ヤん らるゥ] を使って表現します。~には該当する数を、○には単位となる時間を表す単語（例えば日数ならば hari [ハリ]、週数ならば minggu [みんグゥ]）を入れて使います。

    dua hari yang lalu 2日前   **tiga minggu yang lalu** 3週間前
    ドゥア ハリ ヤん らるゥ   ティガ みんグゥ ヤん らるゥ

    yang lalu は「過ぎたところの」の意味

* 未来の時間の長さの表現は、 ~ ○ yang akan datang [ヤん アカン ダタん] を使って表現します。~には該当する数を、○には単位となる時間を表す単語（例えば月数ならば bulan [ブゥらン]、年数ならば tahun [タフゥン]）を入れて使います。

    empat bulan yang akan datang   4か月後
    ウムパットブゥらン ヤん アカン ダタん
    yang akan datang は「来るであろう」の意味

    lima tahun yang akan datang   5年後
    リマ タフゥン ヤん アカン ダタん

* 「何日前？」「何日後？」とたずねる場合は、上で説明した過去、未来の表現の「~」の部分に berapa [ブラパ] を入れ、**Berapa hari yang lalu?**, **Berapa hari yang akan datang?** と言います。

§6 序数

順番を表す序数は、数の前に ke- [ク] をつけます。「一番目」のみ、pertama [プルタマ] といいますが、それ以外は kedua [クドゥア]、ketiga [クティガ] のようにいいます。

hari Minggu pertama [ハリ みんグゥ プルタマ]   第1日曜日
hari kelima [ハリ クリマ]   5日目

jam pertama [ジャム プルタマ]   1時間目
anak kedua [アナック クドゥア]   2番目の子ども

# Pelajaran 7

Percakapan 会話

Ichiro: Kapan pesta pernikahan Andi?
Sekretaris: Tanggal 10 bulan Desember, Bapak.
Ichiro: Dua minggu yang akan datang, ya?
Sekretaris: Ya, betul.
Ichiro: Kira-kira berapa jam pesta itu?
Sekretaris: Wah, lama sekali, Bapak.

一郎： アンディの結婚パーティーはいつですか？

秘書： 12月10日です。

一郎： 2週間後だね。

秘書： はい、そうです。

一郎： だいたいそのパーティーは何時間くらいですか？

秘書： あぁ〜、とても長いですよ。

単語 kira-kira だいたい　　jam 時間　　lama 長い（時間的な長さ）　　sekali とても
wah あぁ

便利なコモノ　selama [スラマ]

　selama は「〜の間」という意味の接続詞。期間を表すのに使います。selama tiga hari [スラマ ティガ ハリ]「3日間」、selama ini [スラマ イニ]「これまでの間」というように使います。

39

Latihan 練習

次のインドネシア語を日本語に訳しましょう。

(1) Kapan hari ulang tahun Andi?

(2) Tanggal 5 bulan Mei.

(3) Sepuluh hari yang lalu hari apa?

(4) Kemarin tanggal berapa?

(5) Dua bulan yang akan datang bulan apa?

(6) Kapan liburan musim panas di Jepang?

(7) Kapan pesta perpisahan Bapak Suzuki?

(8) Dia anak keberapa?

(9) Tahun berapa Indonesia merdeka?

(10) Tahun 1945.

単語 liburan musim panas ［リブゥラン　ムスィム　パナス］夏休み
 （liburan 休み　musim panas 夏（musim 季節　panas 暑い））
 pesta perpisahan ［ペスタ　プルピサハン］送別会（perpisahan 別れ）
 merdeka ［ムルデカ］独立した

Pelajaran 8

何時ですか？

Pukul berapa?
プゥクゥる ブラパ
—Pukul delapan.
プゥクゥる ドゥらパン
Jam berapa sekarang?
ジャム ブラパ スカらン
—Jam setengah sembilan.
ジャム ストゥんガハ スムビらン

何時ですか？

8時です。

今、何時ですか？

8時半です。

単語　pukul 打つ、叩く　　jam 時間、時計、〜時　　setengah 半分

§1 時刻をたずねる

　時刻をたずねるには、2つのたずね方があります。1つは、Pukul berapa?、もう1つは、Jam berapa? です。Pukul は「打つ、叩く」という意味で、Jam は「時間、時計」という意味です。前者はフォーマルな言い方で、後者は会話でよく使われます。

§2 時刻を言う

　下の berapa の部分に言いたい時刻を入れて時刻を言い表します。

Pukul berapa?　　　　　　　　何時ですか？
　　↑
Pukul sepuluh.　　　　　　　　10時です。

Jam berapa?　　　　　　　　　何時ですか？
　　↑
Jam sepuluh.　　　　　　　　　10時です。

41

§3 時刻の言い表し方のルール

インドネシア語で時刻を言う場合、日本語のそれとは少し違います。ルールを覚えて時刻が言えるようにしましょう。

tepat pukul tujuh トゥパット	7時ちょうど
pukul tujuh lewat lima menit レワット　　ムニット	7時5分
pukul tujuh lewat seperempat スプルンパット	7時15分
pukul setengah delapan	7時半

↑ setengah tujuh とすると「6時半」となるので注意

pukul delapan kurang seperempat クゥラン	7時45分
pukul delapan kurang lima menit	7時55分

インドネシアでも日常会話では12時間制を使う。24時間制は通常、時刻表で使われる

[単語] tepat 正確な、ちょうど　　lewat 過ぎる　　menit 分　　seperempat 4分の1、15分
kurang 足りない

§4 時間の長さをたずねる

時間の長さをたずねるには、Berapa ～? のパターンを使います。「～」の部分には、知りたい時間の長さの単位となる単語を入れます。

Berapa jam?	何時間ですか？
Berapa menit?	何分間ですか？
Berapa detik?	何秒間ですか？

Pukul berapa? を逆順にして Berapa pukul? と言って時間の長さをたずねることはできないので注意！

＊「日数」は hari、「週」は minggu、「月」は bulan、「年」は tahun を使います。
＊単位を特定せずに「どのくらいですか？」とたずねる場合は、**Berapa lama?** と言います。

[単語] detik [ドゥティック] 秒

Pelajaran 8

§5　時間の長さを言う

(046)

時間の長さは、§4のBerapaの部分に該当する時間の長さの数を入れて言い表します。

Berapa jam?	何時間ですか？
↑	
Satu jam. / Sejam.	1時間です。

Berapa hari?	何日間ですか？
↑	
Dua hari.	2日間です。

＊先の課で学習したように、時間の長さの表現でも「1時間」「1日」「1週間」などのように数が1の場合は、satuをse-に変えることができます。ただし、「1分」「1秒」などの場合は、通常satu menit、satu detikと言います。

§6　分数と小数

(047)

分数は、分子→棒→分母 の順によみます。棒はper［プル］と言います。

1/2　**seperdua, satu perdua, setengah**

分子が1でseと読む場合は分子、棒、分母をくっつけて1語に。satuと読む場合は棒と分子だけをくっつける

分数ではありませんが、半分という意味。時刻や時間の長さに使うので覚えること

3/5　**tiga perlima**

1/4　**seperempat**

時刻を言う時（15分）に使うので覚えること

小数は、小数点をkoma［コマ］と読みます。

1,5　**satu koma lima**

便利なコモノ　sepanjang［スパンジャン］

sepanjangは「〜中」という意味の前置詞。時間的、物理的なことに関する「〜中」という意味に使います。sepanjang hari「一日中」、sepanjang malam「一晩中」、sepanjang jalan「道沿いにずっと」というように使います。

Percakapan　会話

Ichiro: Rapat hari ini mulai jam berapa?
　　　　　　ラパット　　　　　ムゥライ
Sekretaris: Jam sebelas, Bapak.
Ichiro: Acara makan siang di mana?
　　　　　アチャラ
Sekretaris: Jam satu di Hotel Pasifik, Bapak.
　　　　　　　　　　　　　ホテル
Ichiro: Seminar "Ekonomi Dunia" selesai jam berapa?
　　　　セミナル　　エコノミ　　ドゥニア　　スるサイ
Sekretaris: Sekitar jam lima sore, Bapak.
　　　　　　スキタル
Ichiro: Baik.
　　　　バイク

一郎：　今日の会議は何時に始まるの？
秘書：　11時です。
一郎：　昼食会はどこで？
秘書：　1時にホテル・パシフィックです。
一郎：　「ワールド・エコノミー」のセミナーは何時に終わるの？
秘書：　夕方5時頃です。
一郎：　わかった。

単語　rapat 会議　　mulai 始まる　　acara 予定、イベント
　　　　makan siang 昼食 (makan 食事　siang 昼)　　di mana どこで (di ～で、～に　mana どこ)
　　　　hotel ホテル　　seminar ゼミナール、セミナー　　ekonomi 経済　　dunia 世界
　　　　selesai 終わる　　sore 夕方　　sekitar おおよそ、～頃、～あたり　　baik よい、了解

44

Latihan　練習

次の時刻や時間の長さをインドネシア語で言って書いてみましょう。

(1) 3時10分

(2) 9時20分

(3) 4時半

(4) 12時50分

(5) 3時45分

(6) 1時間半

(7) 5分間

(8) 4週間

(9) 3か月間

(10) 2年間

Pelajaran 9

私は南ジャカルタに住んでいます

Saya tinggal di Jakarta Selatan. 私は南ジャカルタに住んでいます。
サヤ　ティンガる　ディ　ジャカルタ　スらタン

Kantor saya ada di Jalan Sudirman.
カントる　サヤ　アダ　ディジャらン　スゥディルマン
　　　　　　　　　　　　　　　　私のオフィスはスディルマン通りにあります。

Saya pulang ke rumah pada pukul delapan malam.
サヤ　プゥらン　ク　ルゥマハ　パダ　プゥクゥる　ドゥらパン　マらム
　　　　　　　　　　　　　　　　私は夜8時に家へ帰ります。

Saya keluar dari kantor pada pukul enam sore.
サヤ　クるゥアる　ダリ　カントる　パダ　プゥクゥる　ウナム　ソレ
　　　　　　　　　　　　　　　　私は夕方6時にオフィスから出ます。

[単語] tinggal 住む　　Jakarta ジャカルタ　　ada ある、いる　　pulang 帰る
　　　 ke ～へ　　　　pada ～に　　　　　　 malam 夜　　　　 keluar 出る　　dari ～から

§1 動詞　その1

　初歩段階で学習する動詞には、大きく3つの種類があります。その中の1つが、この課で学習する「語根動詞」という動詞です。「語根」とは、辞書に載っている単語のかたちをいいます。そのかたちの単語が動詞に分類されるものを「語根動詞」といい、多くが自動詞です。この動詞には、日常生活で普通に行う動作を表す語が多く含まれますが、このグループに分類される動詞はあまり多くありません。

makan マカン	食べる	naik ナイック	乗る、上がる	maju マジュゥ	進む	tiba ティバ	到着する
minum ミヌゥム	飲む	turun トゥるゥン	降りる、下がる	mundur ムゥンドゥる	後退する	sampai サムパイ	到着する
bangun バングゥン	起きる	pulang プゥらン	帰る	duduk ドゥドゥッ	座る	singgah スィンガハ	立ち寄る
tidur ティドゥる	寝る	kembali クムバリ	戻る	jatuh ジャトゥフ	落ちる、転ぶ	mampir マムピる	立ち寄る

Pelajaran 9

masuk マスゥク	入る	ingat いんガット	思い出す	mau マウゥ	欲しい	mandi マンディ	水浴びする
keluar クるゥアル	出る	lupa るゥパ	忘れる	suka スゥカ	好きである	putus プトゥゥス	切れる
tinggal ティンガる	住む	lahir らヒル	生まれる	kawin カウィン	結婚する	ada アダ	ある、いる
pindah ピンダハ	移動する	mati マティ	死ぬ	hidup ヒドゥップ	生きる、生活する	punya プニャ	持つ、所有する

§2 動詞の語尾変化

　インドネシア語の動詞の特徴の1つに、時制や主語の人称による語尾変化をしないことがあげられます。時制を限定するには、時制を表す助動詞を用います。

§3 時制を表す助動詞

(052)

　動詞自体は時制による語尾変化をしませんが、「時制を表す助動詞＋動詞」で時制を限定します。下に時制を表す助動詞を紹介します。

その時点では経験していないが、将来は経験する可能性があるニュアンスを含む

sudah スゥダハ	もう〜した 口語的	sudah pernah スゥダハ プルナハ	かつて〜したことがある
telah トゥらハ	もう〜した 文語的	belum pernah ブるゥム プルナハ	いまだかつて〜したことがない
baru バルゥ	〜したばかり	tidak pernah ティダック プルナハ	〜したことがない
masih マスィヒ	まだ〜である	sedang スダん	〜している
belum ブるゥム	まだ〜でない	lagi らギ	〜している 口語的
akan アカン	〜だろう		

これまでも、この先も経験しないであろうニュアンスを含む

§4 動詞の否定

動詞は否定詞 tidak [ティダック] を使い否定形を作ります。tidak+動詞の語順です。

Mereka tidak ingat saya. 　　　彼らは私を覚えていません。

Saya tidak naik bus, tetapi naik kereta listrik.
　　　　　　　　　　　　　　私はバスに乗りませんが、電車に乗ります。

[単語] ingat [インガット] 覚えている　　　naik [ナイック] 乗る　　　bus [ブュス] バス
　　　kereta listrik [クレタ　リストリック] 電車（kereta 列車　listrik 電気）

§5 場所を表す前置詞

地名、場所名の前に使う前置詞には、次のようなものがあります。動詞と組み合わせて覚えると便利です。

di ディ	〜に、〜で：Saya tinggal di Bogor.　私はボゴールに住んでいます。 tinggal di 〜 で覚えると便利！
ke ク	〜へ：Beliau pergi ke Jakarta.　あの方はジャカルタへ行きます。 pergi ke 〜 で覚えると便利！
dari ダリ	〜から：Kami datang dari Jepang.　私たちは日本から来ました。 datang dari 〜 で覚えると便利！

[単語] Bogor [ボゴル] ボゴール（西ジャワ州にある都市名）　　　pergi [プルギ] 行く
　　　datang [ダタン] 来る

§6 ここ、そこ、あそこ

話し手から近い順に、sini [スィニ]「ここ」、situ [スィトゥ]「そこ」、sana [サナ]「あそこ」の単語で場所を示すことができます。

Sekarang mereka di sini. 　　　今、彼らはここにいます。

Mereka pergi ke situ. 　　　彼らはそこへ行きます。

Mereka datang dari sana. 　　　彼らはあそこから来ます。

Pelajaran 9

§7 場所をたずねる

§5で学習した場所を表す前置詞と mana ［マナ］「どこ」を組み合わせて、場所をたずねることができます。

Kantor pos ada di mana? 郵便局はどこにありますか？
（di mana = どこに）

Bapak Ichiro pergi ke mana? 一郎さんはどちらへお出かけですか？
（ke mana = どこへ）

Beliau datang dari mana? あの方はどこからいらっしゃいましたか？
（dari mana = どこから）

［単語］ kantor pos ［カントル ポス］ 郵便局 （kantor 会社、オフィス、事務所　pos 郵便）

オフィスのワンシーン

便利なコモノ　dengan ［ドゥンガン］

dengan は「〜で」「〜と一緒に」という意味の前置詞。手段や方法を表すために使われたり、また、誰かや何かと「一緒に」という意味を表すのに使われます。Orang Indonesia makan dengan sendok dan garpu.「インドネシア人はスプーンとフォークで食事をします」、Orang Jepang makan dengan sumpit.「日本人は箸で食べます」、Saya pergi dengan saudara saya.「私は兄弟と一緒に行きます」のように使います。

［単語］ sendok ［センドック］ スプーン　　garpu ［ガルプゥ］ フォーク　　sumpit ［スゥムピット］ 箸

Percakapan　会話　⑤057

Risa:　Biasanya Bapak bangun jam berapa?
Ichiro:　Saya bangun jam lima.
Risa:　Setiap pagi, Bapak sarapan di rumah?
Ichiro:　Tidak, saya tidak makan pagi di rumah.
Risa:　Bapak makan pagi di mana?
Ichiro:　Di *coffee shop*.

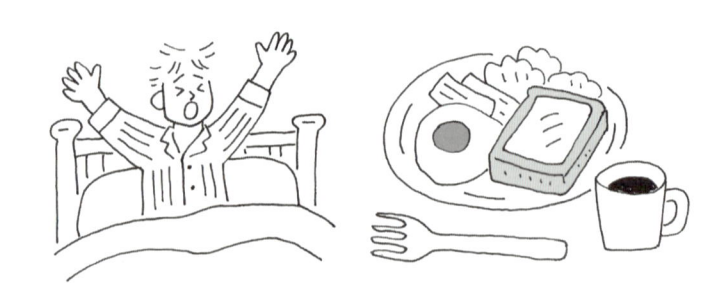

リサ：　普段、あなたは何時に起きますか？
一郎：　私は5時に起きます。
リサ：　毎朝、あなたは自宅で朝食をとりますか？
一郎：　いいえ、私は自宅で朝食をとりません。
リサ：　あなたはどこで朝食をとりますか？
一郎：　喫茶店で。

単語　biasanya ［ビアサニャ］ふつうは　　bangun ［バングゥン］起きる
　　　sarapan ［サラパン］朝食（をとる）　　makan pagi 朝食（をとる）(makan 食事　pagi 朝)

50

Pelajaran 9

Latihan 練習 ⓞ58

次のインドネシア語を日本語に訳しましょう。

(1) Keluarga saya tinggal di Tokyo.

_____

(2) Kami tidak makan daging babi dan tidak minum minuman keras.

_____

(3) Mereka naik bus Trans Sarbagita di halte Matahari Terbit Sanur.

_____

(4) Kami turun bus Trans Jakarta di halte Setiabudi.

_____

(5) Kita mandi setiap hari.

_____

単語 keluarga［クルゥアルガ］家族　　daging babi［ダギン　バビ］豚肉（daging 肉　babi 豚）
minuman keras［ミヌゥマン　クラス］酒（minuman 飲み物　keras 強い）
Trans Sarbagita［トゥランス　サルバギタ］トランス・サルバギタ（バリ島の公共循環バス）
halte［ハルトゥ］停留所
Matahari Terbit Sanur［マタハリ　トゥルビット　サヌゥル］
　マタハリ・トゥルビット・サヌール（バリ島のサヌール地区にあるバス停名）
Trans Jakarta［トゥランス　ジャカルタ］
　トランス・ジャカルタ（ジャカルタ市内のバス高速輸送システム）

あるホテルの朝食

(6) Banyak orang keluar dari gedung itu.

_____

(7) Dia masuk ke kamarnya.

_____

(8) Kucing saya tidur di atas ranjang saya.

_____

(9) Anak-anak duduk di bawah pohon beringin.

_____

(10) Kapan dia kembali dari Singapura?

_____

単語 Setiabudi［スティアブゥディ］スティアブディ（ジャカルタ市内の地名、バス停名）
mandi［マンディ］水浴びをする、シャワーを浴びる　　setiap hari 毎日（setiap［スティアップ］毎～）
banyak［バニャック］多くの　　　gedung［グドゥン］ビル　　masuk［マスゥック］入る
kucing［クッチン］猫　　　atas［アタス］上　　　ranjang［ランジャン］ベッド
anak-anak［アナック・アナック］子どもたち（anak 子ども）　　bawah［バワハ］下
pohon［ポホン］木　　　beringin［ブリンギン］ガジュマル　　kembali［クムバリ］戻る
Singapura［スィンガプゥラ］シンガポール

インドネシアのレジャー施設やモールにはフードコートがあり、メニューが充実しています

Pelajaran 10

(059)

私はインドネシアへ出発します

Saya berangkat ke Indonesia. 私はインドネシアへ出発します。
サヤ　　ブランカット　ク　インドネスィア

Saya bekerja di perusahaan Indonesia.
サヤ　　ブクルジャ　ディ　プルゥサハアン　インドネスィア

私はインドネシアの企業で働いています。

Saya belajar bahasa Indonesia.
サヤ　　ブらジャル　　バハサ　　インドネスィア

私はインドネシア語を勉強します。

[単語] berangkat 出発する（注意：ber- 動詞ではなく、語根動詞）　　bekerja 働く
　　　 perusahaan 企業　　belajar 勉強する

§1　動詞　その2

　この課で学習する動詞は、「ber- 動詞」という動詞です。ber- は接頭辞で単独では意味を持ちませんが、 ber- ＋語根 のかたちで用いられ、この派生語はほとんどが自動詞に分類されます。この接頭辞 ber- と組み合わせられる語根は、動詞、形容詞、名詞、数詞です。

§2　ber- の変化規則

(060)

　接頭辞 ber- はほとんどが ber- のかたちで用いられますが、組み合わせる単語によって、変化形を用います。

be- ブ	語根の先頭文字が r の場合、または語根の第一音節に er が含まれる場合につけるかたち①
bel- ブる	ajar 限定で用いるかたち②
ber- ブル	上の条件以外のすべての語根に用いるかたちで、このかたちを用いるケースが圧倒的に多い③

53

① <u>r</u>ambut ［ランムブゥット］ → berambut ［ブラムブゥット］（髪の毛　→　髪の毛がある）
　ke<u>r</u>ja ［クルジャ］ → bekerja（仕事　→　働く）

② ajar → belajar　（教える　→　勉強する）

③ bicara ［ビチャラ］
　→ berbicara ［ブルビチャラ］　（しゃべる、話す　→　意味の変化なし）

§3　派生語の意味　その1　語根が動詞　(061)

　語根が動詞の場合、ber- を用いた派生語との間に意味の変化が生じないものがほとんどですが、わずかに例外があり、ber- の有無で意味が変わるものがあります。ada は「ある、いる」という意味ですが、berada ［ブラダ］になると「滞在する」、ajar は「教える」ですが、belajar ［ブラジャル］になると「勉強する」と変化するのがその典型的な例です。しかし、このような単語はあまり多くありません。

　語根に ber- を用いた派生語の意味に変化が生じない場合は、語根のままで用いるのは口語体、ber- をつけて用いるのは文語体として使い分けられます。

Dia ada di kamarnya.　　　彼は自分の部屋にいます。

Dia berada di Osaka.　　　彼は大阪に滞在しています。

Rekan saya angkat kopor.　私の同僚はスーツケースを持ち上げました。

Rekan saya sudah berangkat ke Indonesia.
　　　　　　　　　　　　私の同僚はもうインドネシアへ出発しました。

Bapak Handoyo (meng)ajar bahasa Indonesia.
　　　　　　　　　　　　ハンドヨさんはインドネシア語を教えます。

Bapak Handoyo belajar bahasa Jepang.
　　　　　　　　　　　　ハンドヨさんは日本語を勉強します。

単語　berada 滞在する　　　rekan ［ルカン］ 仲間、同僚　　　kopor ［コポル］ スーツケース
　　　sudah ［スゥダハ］ もう、すでに

§4　派生語の意味　その2　語根が名詞　(062)

　語根が名詞の場合、派生語の動詞は語根の意味をいかしたまま、文中の動作主がその名詞を「所有する」「身につける」「使う」「産出する」、あるいはその名詞で「生計をたてる」、その名詞が「ある」、その名詞（乗り物）に「乗る」という意味にな

54

Pelajaran 10

ります。

Ini kacamata ayah saya. これは私の父の眼鏡です。

Ayah saya berkacamata. 私の父は眼鏡をかけています。

Itu istri kakak laki-laki saya. あちらは私の兄の妻です。

Kakak laki-laki saya sudah beristri. 私の兄にはすでに妻がいます。

Telur ayam kampung enak. 地鶏の卵はおいしい。

Setiap hari ayam betina bertelur. 毎日雌鳥は卵を産みます。

単語　kacamata ［カチャマタ］眼鏡　　berkacamata ［ブルカチャマタ］眼鏡をかけている
　　　beristri ［ブリストゥリ］妻がいる　　telur ［トゥルゥル］卵
　　　ayam kampung ［アヤム　カンプゥん］地鶏（kampung 田舎）
　　　ayam betina 雌鳥（betina ［ブティナ］雌）　　bertelur ［ブルトゥルゥル］卵を産む

§5　派生語の意味　その3　語根が形容詞　(063)

語根が形容詞の場合、派生語の動詞は語根の意味をいかしたまま、その形容詞の「状態にある」という意味になります。

Ini kabar gembira. これはうれしい知らせです。

Orang tua saya bergembira. 私の両親は喜んでいます。

単語　kabar ［カバル］知らせ、ニュース　　gembira ［グムビラ］うれしい
　　　orang tua 両親（orang 人　tua 年老いた）　　bergembira ［ブルグムビラ］喜ぶ

§6　派生語の意味　その4　語根が数詞　(064)

数詞に ber- をつけると、主語の総量、総人数などを表す単語を作り出します。

Di sini ada dua orang. ここに2人います。

Mereka berdua datang dari Bandung. 彼ら2人はバンドゥンから来ました。

ただし、satu「1」に付いた場合は、bersatu となり「統一する」「1つになる」という意味の自動詞になり、総数を表す意味を持ちません。

単語　Bandung ［バンドゥん］バンドゥン（西ジャワ州の州都）　　bersatu ［ブルサトゥ］統一する、1つになる

55

§7 便利な前置詞

前の課では場所に関する前置詞を学習しました。ここでは場所以外に用いる前置詞で、覚えると便利なものを紹介します。

kepada クパダ	〜へ：人に対して使う
dengan ドゥンガン	〜に、〜と一緒に、〜で：手段や方法を表すのに使う
pada パダ	〜に：時間や曜日などに使う

Saya bertanya kepada Bapak Ichiro. 　私は一郎さんに質問します。

Kami bertemu dengan Bapak Ichiro. 　私たちは一郎さんに会います。

──bertemu dengan 〜 でセットにして覚えると便利！

Orang Jepang makan dengan sumpit. 　日本人は箸で食べます。

Bapak Ichiro berangkat ke Jakarta dengan pesawat Garuda.

──berangkat ke 〜 でセットにして覚えると便利！
　　　　　　一郎さんはガルーダ機でジャカルタへ出発します。

Kami bertemu di lobi Hotel Asahi pada jam enam sore.
　　　　　　アサヒホテルのロビーで夕方6時に会いましょう。

単語　bertanya [ブルタニャ] 質問する　　bertemu [ブルトゥムゥ] 会う
　　　sumpit [スゥムピット] 箸
　　　pesawat Garuda [プサワット　ガルゥダ] ガルーダ機
　　　　（pesawat 飛行機　Garuda ガルーダ（インドネシア・ガルーダ航空））
　　　lobi [ろビ] ロビー

便利なコモノ　tentang [トゥンたン]

　tentang は「〜について」という意味の前置詞。Mereka bertanya tentang masakan Indonesia.「彼女たちはインドネシア料理について質問しました」というように使います。

Pelajaran 10

Percakapan　会話

Ichiro: Ibu Risa berasal dari mana?
Risa: Saya berasal dari Surabaya.
Ichiro: Maaf, Ibu sudah berkeluarga?
Risa: Sudah, saya punya anak juga.
Ichiro: Ibu bekerja di mana?
Risa: Saya bekerja di perusahaan Jepang di Jakarta.

一郎： リサさんはどちらのご出身ですか？
リサ： 私はスラバヤ出身です。
一郎： すみません、あなたはもうご家庭をお持ちですか？
リサ： はい、子どももいますよ。
一郎： あなたはどこで働いていますか？
リサ： 私はジャカルタの日本企業で働いています。

単語　berasal［ブラサる］〜出身である（asal 出身）
　　　Surabaya［スゥラバヤ］スラバヤ（東ジャワ州の州都）　　maaf［マアフ］赦し、すみません、失礼ですが
　　　berkeluarga［ブルクるゥアルガ］家族を持つ　　punya［プニャ］持っている
　　　bekerja［ブクルジャ］働く（kerja［クルジャ］仕事）

Latihan 練習　067

次のインドネシア語を日本語に訳しましょう。

(1) Saya bersepeda motor ke kantor setiap hari.
　　_____

(2) Mereka bermain golf.
　　_____

(3) Apakah orang itu berambut panjang?
　　_____

(4) Dia berkacamata hitam.
　　_____

(5) Kita berolahraga setiap hari Jumat.
　　_____

(6) Kapan ayahnya berangkat ke Tokyo?
　　_____

(7) Pegawai perusahaan berkemeja dan berdasi.
　　_____

(8) Saya bekerja di bank.
　　_____

(9) Saya berbahasa Inggris.
　　_____

(10) Kami bertemu dengan Bapak Handoyo di restoran itu.
　　_____

単語　bersepeda motor［ブルスペダ　モトル］バイクに乗る（sepeda［スペダ］motor モーター、バイク）
　　　bermain［ブルマイン］する、やる、遊ぶ　　golf［ゴルフ］ゴルフ　　apakah［アパカハ］～ですか
　　　panjang［パンジャン］長い　　hitam［ヒタム］黒
　　　berolahraga［ブルオらハラガ］スポーツをする（olahraga［オらハラガ］スポーツ）
　　　pegawai［プガワイ］社員　　berkemeja［ブルクメジャ］シャツを着る（kemeja［クメジャ］ワイシャツ）
　　　berdasi［ブルダスィ］ネクタイをつける（dasi［ダスィ］ネクタイ）　　bank［バン］銀行
　　　berbahasa Inggris［ブルバハサ　イングリス］英語を話す（bahasa［バハサ］～語、言語　Inggris 英国）
　　　restoran［レストラン］レストラン

58

Pelajaran 11

(068)

私たちはインドネシア映画を鑑賞します

Kami menonton film Indonesia.
カミ　ムノントン　フィルム　インドネシア
私たちはインドネシア映画を鑑賞します。

Ibu saya mengajar bahasa Indonesia.
イブ サヤ　ムんガジャル　バハサ　インドネシア
私の母はインドネシア語を教えています。

Dia menelepon temannya.　　彼は友人に電話をかけます。
ディア　ムネレポン　トゥマンニャ

[単語] menonton 見る　　film 映画　　menelepon 電話をかける
temannya 彼の友人 (teman 友人　-nya (dia「彼、彼女」の所有形))

§1　動詞　その3

　この課で学習する動詞は、「me- 動詞」という動詞です。me- は接頭辞で単独では意味を持ちませんが、me-＋語根 のかたちで用いられ、この派生語はほとんどが他動詞に分類されます。接頭辞 me- と組み合わせられる語根は、動詞、形容詞、名詞です。

§2　me- の変化規則

(069)

　接頭辞 me- は、組み合わせる語根の先頭文字によって、かたちが変化します。

接頭辞 me- のつづり	語根の先頭文字	単語例
me- ム	l, m, n, r, w, y, ng, ny	melihat, memasak, merokok ムリハット　ムマサック　ムロコック
mem- ムム	b, f, (p), v	membaca, memakai, memesan ムムバチャ　ムマカイ　ムムサン
men- ムン	c, d, j, (t), z, sy	mencuci, mendengar, ムンチュチ　ムンドゥんガル menulis ムヌゥリス

59

meng- ムン	a, i, u, e, o, g, h, (k), kh	mengambil, menggoreng, ムンガムビる　　ムンゴレん mengirim ムンギリム
meny- ムニ	(s)	menyapa, menyapu ムニャパ　　ムニャプゥ
menge- ムング	一音節から成る単語	mengecat, mengepak ムングチャット　ムングパック

＊表中の（　）内の文字で始まる単語に接頭辞 me- をつける場合、その文字は消失します

(p) の例

Anak-anak pakai baju olah raga.　　子どもたちは運動着を着ます
↓
Anak-anak memakai baju olah raga.

mem- がつき p が消える

単語　melihat 見る (lihat)　　memasak 料理する (masak)　　merokok タバコを吸う (rokok)
　　　membaca 読む (baca)　　memakai 使う、着る (pakai)　　memesan 注文する (pesan)
　　　mencuci 洗う (cuci)　　mendengar 聞く (dengar)　　menulis 書く (tulis)
　　　mengambil 取る (ambil)　　menggoreng (油で) 揚げる (goreng)
　　　mengirim 送る (kirim)　　menyapa 話しかける (sapa)　　menyapu ほうきで掃く (sapu)
　　　mengecat ペンキを塗る (cat)　　mengepak 荷造りする (pak)
　　　baju olah raga［バジュゥ　オらハラガ］運動着（baju 服　olah raga 運動）

§3　派生語の意味　その1　語根が動詞　(070)

　語根が動詞の場合、me- を用いた派生語との間に意味の変化が生じないものがほとんどです。語根のままで用いるのは口語体、me- をつけて用いるのは文語体として使い分けられます。

Ayah saya baca koran di ruang makan.
　　　　　　　　　　　　　　　　　　父はダイニングで新聞を読みます。
Ayah saya membaca koran di ruang makan.
　　　　　　　　　　　　　　　　　　父はダイニングで新聞を読みます。
接頭辞があっても意味は変わらず「読む」のまま

Ibu saya masak nasi.　　　　　　母はご飯を炊きます。

Ibu saya memasak nasi.　　　　　母はご飯を炊きます。

接頭辞があっても意味は変わらず「料理する、作る」のまま

単語　baca［バチャ］読む　　koran［コラン］新聞
　　　ruang makan ダイニング（ruang［ルゥアン］部屋）　　masak［マサック］料理する
　　　nasi［ナスィ］ご飯

60

Pelajaran 11

§4 派生語の意味 その2 語根が名詞 (071)

語根が名詞の場合、派生語は語根の意味をいかしたまま、「～で～する」「～を作る」「～として生きる」「～のようになる」「～へ向かう」「～を飲む、吸う」などの意味に変化します。

Ibu saya membeli sapu di pasar. 　　母は市場でほうきを買います。
　　　　↑ 元々は「ほうき」という名詞
Saya menyapu halaman depan. 　　私は前庭をほうきで掃きます。
　　　　↑ 接頭辞 me- がつくと「ほうきで掃く」と動詞化する
Banyak semut merayap di dinding. 　　たくさんのアリが壁を這っています。
　　　↑ 元々は「アリ」という名詞
Banyak orang menyemut di perempatan jalan itu karena ada pawai.
　　　　　　↑ 接頭辞 me- がつくと「群がる」と動詞化する
　　　　　　パレードがあるので、多くの人がその交差点に群がっています。

Kakak laki-laki saya membeli rokok. 　私の兄はタバコを買います。
　　　　　　↑ 元々は「タバコ」という名詞
Dia merokok di kamarnya. 　　彼は自分の部屋でタバコを吸います。
　↑ 接ぶ頭辞 me- がつくと「タバコを吸う」と動詞化する

【単語】 membeli [ムムブリ] 買う (beli)　　sapu [サプゥ] ほうき　　pasar [パサル] 市場
halaman depan [ハラマン ドゥパン] 前庭 (halaman 庭　depan 前)
semut [スムゥット] アリ　merayap [ムラヤップ] 這う (rayap)　dinding [ディンディン] 壁
menyemut [ムニュムゥット] 群がる (semut [スムゥット])　perempatan [プルムパタン] 交差点
jalan [ジャラン] 道　karena [カルナ] ～なので　pawai [パワイ] パレード
rokok [ロコック] タバコ

§5 派生語の意味 その3 語根が形容詞 (072)

語根が形容詞の場合、派生語は語根の意味をいかしたまま、その形容詞の「状態になる」という意味に変化します。この場合は自動詞に分類されます。

Kamar ini panas sekali. 　　この部屋はとても暑いです。
　　　　↑ 元々は「暑い」「熱い」という形容詞
Perdebatan Ichiro dan Joko memanas.
　　　　　　　　↑ 接頭辞 me- がつくと「熱くなる」
　　　　　　　　　「暑くなる」と動詞化する
　　　　　　一郎とジョコのディベートは白熱しました。

【単語】 panas [パナス] 暑い、熱い　　sekali [スカリ] とても　　perdebatan [プルドゥバタン] ディベート
(per-+debat+-an)　memanas [ムマナス] 熱くなる、暑くなる (panas)

61

§6 希望、可能、許可、義務を表す助動詞と頻度を表す単語 (073)

mau マウゥ ～したい 口語的	boleh ボれヘ ～してもよい	tidak perlu ティダック プルるゥ ～する必要がない	sering スりん たびたび～する
ingin インギン ～したい 文語的	harus ハルスゥ ～しなければならない	tidak usah ティダック ウサハ ～する必要がない	kadang-kadang カだン カだン 時々～する
bisa ビサ ～できる 口語的	suka スゥカ よく～する、 ～するのが好きである	jarang ジャらン 滅多に～しない	selalu スらるゥ いつも～する
dapat ダパット ～できる 文語的	perlu プルるゥ ～する必要がある	kurang クゥらン あまり～しない	biasanya ビアサニャ 通常～する

＊語順は、 助動詞→動詞

Saya mau menukar uang di *money changer*.

したい→交換する
助動詞→動詞

私は両替所で換金したいです。

＊否定形は、 tidak + 助動詞 でつくる

Ibu saya tidak bisa memasak masakan Indonesia.

～ではない→できる→料理する
否定詞→助動詞→動詞

私の母はインドネシア料理を作れません。

単語 menukar uang [ムヌゥカル ウゥアン] 両替する (tukar [トゥゥカル] (交換する) uang [ウゥアン] お金)
money changer [マニ チェンジェル] 両替所　　masakan [マサカン] 料理

便利なコモノ　sebelum [スブるゥム] と sesudah [ススゥダハ]

sebelum は「～する前」、sesudah は「～した後」という意味の接続詞。動詞と組み合わせて使います。Sebelum bermain Nintendo, saya belajar.「ニンテンドー（ゲーム）で遊ぶ前に、私は勉強します」、Sesudah makan, nenek minum obat.「食事をした後、祖母は薬を飲みます」というように使います。

単語 minum [ミヌゥム] 飲む　　obat [オバット] 薬

Pelajaran 11

Percakapan 会話 (074)

Ichiro: Ibu Risa sudah membuat dokumen untuk rapat besok?

Risa: Sekarang saya sedang menulisnya dan tidak lama lagi akan selesai, Bapak.

Ichiro: Kalau selesai membuatnya, Ibu Risa menelepon kepala bagian pemasaran, ya.

Risa: Baik, Bapak.

一郎： リサさんはもう明日の会議用の書類を作りましたか？

リサ： 今、私はそれを書いているところで、まもなく終わります。

一郎： 作り終えたら、リサさん、マーケティング部長に電話してください。

リサ： かしこまりました。

単語 membuat [ムムブゥアット] 作る（buat [ブゥアット] する）　　dokumen [ドクュメン] 文書、書類
untuk [ウントゥック] 〜のため　　rapat [ラパット] 会議　　sedang [スダン] 〜ている
menulisnya [ムヌゥリスニャ] それを書く（tulis [トゥゥリス] 書く　-nya それを）
tidak lama lagi まもなく　　selesai [スルサイ] 終わる、完成する
membuatnya [ムムブゥアットニャ] それを作る
kepala bagian [クパら バギアン] 部長（kepala 頭、長　bagian 部）
pemasaran [プマサラン] マーケティング

63

Latihan　練習　(075)

次の単語に接頭辞 me- をつけましょう。また、助動詞なども使って例文を考えてみましょう。

(1)　beri

　_____

(2)　pilih

　_____

(3)　cari

　_____

(4)　tulis

　_____

(5)　pasang

　_____

(6)　jual

　_____

(7)　isi

　_____

(8)　gunting

　_____

(9)　ambil

　_____

(10)　simpan

　_____

単語　beri［ブリ］与える　　pilih［ピリヒ］選ぶ　　cari［チャリ］探す
　　　pasang［パさん］つける、設置する　　jual［ジュァる］売る　　isi［イスィ］中味
　　　gunting［グゥンティん］はさみ　　ambil［アムビる］取る、受ける
　　　simpan［スィムパン］しまう、片付ける

64

Pelajaran 12

この携帯電話は安いです

HP ini murah. この携帯電話は安いです。
ハーペー イニ ムゥラハ

HP ini lebih murah daripada *smartphone*.
ハーペー イニ るビヒ ムゥラハ ダリパダ スマルトゥフォン

この携帯電話はスマートフォンより安いです。

***Smartphone* itu paling mahal.** そのスマートフォンはいちばん高いです。
スマルトゥフォン イトゥ パりん マハる

〔単語〕 murah 安い　　lebih より　　daripada 〜より　　smartphone スマートフォン
paling 最も、いちばん　　mahal 高い（値段が）

§1 状態を表現する

形容詞も述語になり、主語の状態や様子を表現します。

HP ini mahal. この携帯電話は（値段が）高いです。

HP itu baru. その携帯電話は新しいです。

〔単語〕 baru［バルゥ］新しい

§2 同格の表現

2つのものを比較して、同等、同格であると表現する場合は、次の構文に当てはめて表現します。構文は2つあります。覚えやすい方で表現してみましょう。

構文1　**A sama**［サマ］形容詞 **-nya dengan**［ドゥンガン］**B.**

HP Bapak sama mahalnya dengan PC.

あなたの携帯電話はパソコンと同じくらい高いです。

構文2　**A se-**［ス］形容詞 **B.**

HP Bapak semahal PC.

あなたの携帯電話はパソコンと同じくらい高いです。

65

構文1で使われている形容詞 -nya のように、形容詞に -nya がつけられると名詞化します。例えば、besar「大きい」が besarnya「大きさ」、tinggi「高い（高さが）」が tingginya「高さ」となります。

構文2で使われている se- 形容詞の se- は、「同じ」という意味をもちます。

[単語] sama ［サマ］同じ　　PC ［ピースィー］パソコン　　besar ［ブサル］大きい
　　　besarnya ［ブサルニャ］大きさ　　tinggi ［ティンギ］高い　　tingginya ［ティンギニャ］高さ

§3　比較の表現
(079)

「A は B より〜だ」というように比較して表現する場合は、次の構文に当てはめて表現します。

> 構文　**A lebih** ［るビヒ］形容詞 **daripada** ［ダリパダ］**B.**
> 　　　　　より〜　　　　　　　　　〜よりも

HP Bapak lebih mahal daripada HP saya.
　　　　　　　　　　　あなたの携帯電話は私の携帯電話より高いです。
PC lebih mahal daripada kamera digital.
　　　　　　　　　　　パソコンはデジカメより高い。

[単語] kamera digital ［カメラ　ディジタる］デジタルカメラ、デジカメ

§4　比較の強調表現
(080)

比較するもの同士の状態や様子に極端な差がある場合は、次の構文に当てはめて表現します。

> 構文　**A jauh lebih** ［ジャウフ るビヒ］形容詞 **daripada** ［ダリパダ］**B.**
> 　　　　はるかに

Pulau Sumatera jauh lebih luas daripada pulau Bali.
　　　　　　　　　　　スマトラ島はバリ島よりはるかに広いです。
Mobil Bapak jauh lebih bagus daripada mobil saya.
　　　　　　　　　　　あなたの車は私の車よりはるかに立派です。

[単語] jauh はるかに、遠い　　luas ［るゥアス］広い
　　　pulau Sumatera ［プゥらウ　スゥマトゥラ］スマトラ島　(pulau 島)
　　　pulau Bali ［プゥらウ　バリ］バリ島　　bagus ［バグゥス］良い、すばらしい

Pelajaran 12

§5 劣等比較

AとBを比較して、「より劣っている」と言う場合は、次の構文に当てはめて表現します。

> 構文　**A kurang** [クゥラン] 形容詞 **dibandingkan dengan B.**

不足しているという意味がある

Baju ini kurang bagus dibandingkan dengan baju itu.
この服はあの服よりも良くない。

[単語] kurang 不足している、足りない　　baju [バジュゥ] 服
dibandingkan（membandingkan の受動態形：比べる）

§6 選択肢を提示して比較する表現

あらかじめ比較対象となるものを選択肢として提示して、「AとBでは、どちらが〜か？」と言う場合は、次の構文を使います。

> 構文　**Yang mana lebih** [ヤンマナ ルビヒ] 形容詞 , **A atau** [アタウゥ] **B?**

どちらが　　　　　　　　　　　　　　　　　　　または

Yang mana lebih luas, pulau Jawa atau pulau Bali?
ジャワ島とバリ島では、どちらがより広いですか？

[単語] pulau Jawa [プゥラウ ジャワ] ジャワ島

§7 最上級

「最も〜だ」の表現は、次の構文に当てはめて表現します。構文は2つありますが、ここでは1つめの構文を覚えることをお勧めします。

> 構文1　**A paling** [パりん] 形容詞 .

最も、いちばん

Smartphone itu paling mahal.　そのスマートフォンはいちばん高いです。

> 構文2　**A ter-** [トゥル] 形容詞 .

接頭辞 ter- を形容詞に直接つける

Smartphone itu termahal.　そのスマートフォンはいちばん高いです。

67

§8 数量を表す形容詞など

(084)

数字や数量を表す形容詞は、一般的に名詞の前に置かれます。

banyak　たくさんの バニャック	beberapa　いくらかの ブブラパ
sedikit　少しの スディキット	bermacam-macam　いろいろな ブルマチャム　マチャム
seluruh　全〜 スるゥルゥフ	berbagai　いろいろな ブルバガイ
semua　すべての スムゥア	setiap　毎〜 スティアップ

＊ **Banyak orang Jepang** belajar bahasa Inggris.
　　　　　　　　　　　多くの日本人が英語を勉強します。

日本語の語順と同じ

＊ **Beberapa orang** berdiri di depan pintu.
　　　　　　　　　　　幾人かがドアの前に立っています。

[単語] berdiri ［ブルディリ］立つ（ber-+diri ［ディリ］立つ）　　pintu ドア ［ピントゥッ］

便利なコモノ　lebih baik ［るビヒ バイック］

　lebih baik は「〜のほうが良い」という意味。日常会話でよく耳にします。Lebih baik beristirahat daripada paksa berjalan kaki.「無理をして歩くより、休憩した方が良いです」、Lebih baik makan di rumah daripada makan di warung.「屋台で食べるより、家で食べる方が良いです」というように使います。

[単語] beristirahat ［ブルイスティラハット］休憩する（ber- + istrahat ［イスティラハット］休憩）
　　　 paksa ［パクサ］強制する、無理に〜させる
　　　 berjalan kaki 歩く（ber-+jalan 歩く、kaki ［カキ］足）　　warung ［ワルゥん］屋台

68

Pelajaran 12

Percakapan　会話　(085)

Risa: Arloji Bapak bagus sekali.

Handoyo: Arloji Ibu lebih bagus daripada arloji saya.

Risa: Terima kasih. Ini murah sekali.

Handoyo: Sepatu Ibu cantik.

Risa: Saya suka sepatu ini, tetapi berat.

Handoyo: Sepatu olahraga lebih ringan daripada sepatu kantor.

リサ：	あなたの腕時計はとてもすてきです。
ハンドヨ：	あなたの腕時計は、私の腕時計よりすてきです。
リサ：	ありがとう。これはとても安いです。
ハンドヨ：	あなたの靴はかわいいです。
リサ：	私はこの靴が好きですが、重いです。
ハンドヨ：	運動靴は通勤靴より軽いです。

[単語] arloji［アルロジ］腕時計　　sepatu［スパトゥゥ］靴　　cantik［チャンティック］美しい、かわいい
　　　 suka［スゥカ］〜が好きだ　　berat［ブラット］重い　　sepatu kantor 通勤靴
　　　 ringan［りンガン］軽い　　sepatu kulit［スパトゥゥ　クゥリット］革靴（kulit 皮、皮膚）

Latihan　練習　086

次の形容詞を使って、同等、比較、最上級の例文を考えてみましょう。

(1) besar

_____

(2) kecil

_____

(3) luas

_____

(4) sempit

_____

(5) mahal

_____

(6) murah

_____

(7) cantik

_____

(8) jelek

_____

(9) bersih

_____

(10) kotor

_____

単語　kecil［クチる］小さい　　sempit［スムピット］狭い　　jelek［ジュれック］醜い
　　　bersih［ブルスィヒ］きれいな　　kotor［コトル］汚い

Pelajaran 13

私の家はゴルフ場からやや遠いです

Rumah saya agak jauh dari lapangan golf.
ルゥマハ　サヤ　アガック　ジャウゥフ　ダリ　らパンガン　ゴるフ

私の家はゴルフ場からやや遠いです。

Bagaimana rasa kue ini?
バガイマナ　　　ラサ　クゥエ イニ

このお菓子の味はいかがですか？

Masakan ini kurang enak.
マサカン　　イニ クゥらン　エナック

この料理はあまりおいしくありません。

[単語] agak やや　jauh 遠い　lapangan golf ゴルフ場（lapangan 広場　golf ゴルフ）
bagaimana いかが　rasa 味　kue お菓子　masakan 料理　enak おいしい

§1　程度の表現

「たいへん～」「やや～」「かなり～」などの単語を形容詞と組み合わせて使えば、状態の程度をより細かく表現することができます。下の表にあげる単語を使って、例文を考えてみてください。

sekali　たいへん、とても スカり 語順は形容詞+ sekali	Jas Bapak bagus sekali. あなたのスーツはとてもすてきです。
sangat　非常に サンガット 語順は sangat+ 形容詞	Merek itu sangat terkenal. そのブランドは非常に有名です。
amat　極めて アマット	Harganya amat mahal. （その）値段は極めて高いです。
sedikit　少し スディキット	Masakan ini sedikit pedas. この料理は少し辛いです。
agak　やや アガック	Kopi itu agak pahit. そのコーヒーはやや苦いです。
cukup　かなり、十分に チュウクゥップ	Teh ini cukup manis. この紅茶はかなり甘いです。

kurang　あまり〜でない クゥラン	Buah itu kurang enak. その果物はあまりおいしくありません。
tidak begitu　〜それほど〜でない ティダック　ブギトゥ	Saya tidak begitu suka durian. 私はドリアンがそれほど好きではありません。
terlalu　〜過ぎる トゥルらゥ	Kamar ini terlalu sempit. この部屋は狭すぎます。
sama sekali tidak　まったく〜でない サマ　スカリ　ティダック	Minuman ini sama sekali tidak dingin. この飲み物はまったく冷たくありません。
tidak 〜 sama sekali　まったく〜でない ティダック　サマ　スカリ	Minuman ini tidak dingin sama sekali. この飲み物はまったく冷たくありません。

＊「たいへん〜である」の表現は、sekali と sangat とでは形容詞との組み合わせの語順が逆になるので注意！

【単語】 jas［ジャス］スーツ　　merek［メレック］ブランド　　terkenal［トゥルクナる］有名な
harganya［ハルガニャ］（その）値段は　　（harga 値段＋ -nya）　　pahit［パヒット］苦い
teh［テへ］紅茶　　manis［マニス］甘い　　buah［ブゥアハ］果物
durian［ドゥゥリアン］ドリアン　　minuman［ミヌゥマン］飲み物
dingin［ディンギン］冷たい、寒い

§2　状態をたずねる疑問詞　　(089)

「どのようであるか？」をたずねる時は、bagaimana［バガイマナ］を使います。

食べ物などの味や風味、体調、方法など、様々な事柄について「どのようであるか」をたずねるのに使う

Bagaimana rasanya?　　　味はどうですか？

Bagaimana caranya?　　　どのようにするのですか？（方法をたずねる時）

【単語】 rasanya［ラサニャ］（その）味（rasa［ラサ］味、風味）
caranya［チャラニャ］（その）やり方（cara［チャラ］方法、やり方）

§3　色の名前　　(090)

色の名前を覚えましょう。

merah　赤 メラハ	hijau　緑 ヒジャウゥ	cokelat　茶 チョクらット	ungu　紫 ウゥングゥ
putih　白 プゥティヒ	kuning　黄 クゥニン	hitam　黒 ヒタム	emas　金 ウマス
biru　青 ビルゥ	oranye　オレンジ オラニュ	abu-abu　灰 アブゥ　アブゥ	perak　銀 ペラック

Pelajaran 13

　インドネシア語では、日常会話で使われる色の名前が日本語ほど細かく多様ではありません。また、色の濃淡はもとになる色の名前の後ろに tua、または muda をつけて表現します。例えば、merah tua は古い赤という言い方をして「ワインレッド」を意味しますし、merah muda は若い赤という言い方をして「ピンク」を意味します。同様に、biru tua は「紺」、biru muda は「水色」という意味です。また、「〜色味がかった」という言い方は、ke- 色 - 色 -an で表します。例えば「赤味がかった」は、kemerah-merahan と言います。

[単語] tua［トゥウア］濃い、古い、年老いた　　muda［ムゥダ］淡い、薄い、若い
　　　 kemerah-merahan［クメラハ メラハン］赤味がかった

§4　味　(091)

　味に関する形容詞を覚えると会話もはずみます。下の表にあげる単語を使って例文を考えてみましょう。

enak　おいしい エナック	Agar-agar ini enak. このゼリーはおいしい。
manis　甘い マニス	Jeruk Kintamani manis. キンタマニーのみかんは甘い。
asin　塩辛い アスィン	Nasi goreng warung itu asin. あの屋台のチャーハンは塩辛いです。
pedas　辛い プダス	Sambal ini pedas, tetapi enak. このサンバルは辛いですが、おいしいです。
asam　酸っぱい アサム	Nanas ini asam sekali. このパイナップルはとても酸っぱいです。
pahit　苦い パヒット	Peria Indonesia sangat pahit. インドネシアのゴーヤはとても苦いです。
sepat　渋い スパット	Buah ini sepat karena belum matang. この果物はまだ熟していないので渋いです。
gurih　（旨味がきいていて）おいしい グゥリヒ	Kacang goreng itu gurih. その揚げピーナッツはおいしいです。

[単語] agar-agar［アガル アガル］ゼリー　　jeruk［ジュルゥック］みかん
　　　 Kintamani［キンタマニ］キンタマニー（バリ島にある高原の名）　　warung［ワルゥん］屋台
　　　 sambal［サンバル］サンバル（辛み調味料、チリソース）　　nanas［ナナス］パイナップル
　　　 peria［プリア］ゴーヤ　　belum［ブルゥム］まだ、まだ〜ない　　matang［マタん］熟した
　　　 kacang goreng［カチャン ゴレん］揚げピーナッツ
　　　　（kacang ピーナッツ、豆　goreng（油で）揚げる）

§5 感情の表現

感情を表す形容詞を覚えましょう。

senang スナン うれしい、楽しい	puas プゥアス 満足する	kecewa クチェワ がっかりした	bosan　飽きた ボサン
bahagia　幸福な バハギア	malu　恥ずかしい マルゥ	sebal　腹立たしい スバる	khawatir カワティル 不安な、心配な
marah　腹立たしい マラハ	takut　怖い タクゥット	ngeri　ぞっとする ングリ	sepi　寂しい スピ

スーパーの果物売り場

manggis（マンゴスチン）

便利なコモノ　barangkali [バランカリ] と mungkin [ムゥンキン]

　barangkali と mungkin はどちらも「多分」「おそらく」という意味。日常的に頻繁に耳にする単語で、不確定なことを話す時によく使われます。Barangkali dia tidak puas.「多分、彼は満足しないでしょう」、Mungkin besok hujan.「多分、明日は雨でしょう」というように使います。

単語　hujan [フゥジャン] 雨

Pelajaran 13

Percakapan 会話 (093)

Handoyo: Di Jepang ada manggis, Bu?

Risa: Ada, tetapi mahal sekali karena diimpor dari Thailan.

Handoyo: O, begitu.

Risa: Manggis tidak begitu populer di Jepang, Pak.

Handoyo: Buah apa yang paling populer di Jepang?

Risa: Apel, Pak.
Apel Jepang besar, harum, dan sedikit asam.

ハンドヨ： 日本にマンゴスチンがありますか？

リサ： ありますが、タイから輸入していますので、とても高いです。

ハンドヨ： あ、そうですか。

リサ： 日本では、マンゴスチンはそれほどポピュラーではありません。

ハンドヨ： 何の果物が日本でいちばんポピュラーですか？

リサ： リンゴです。

日本のリンゴは大きく、香りがよくて少し酸っぱいです。

〔単語〕 manggis［マンギス］マンゴスチン　　diimpor［ディイムポル］輸入される（mengimpor の受動態形）　　Thailan［タイランド］タイ　　begitu［ブギトゥ］そのような　　populer［ポプュレル］人気のある、はやりの　　harum［ハルゥム］良い香りの

75

Latihan　練習

次の文章を日本語に訳しましょう。

(1) Orang itu gemuk sekali.

(2) Cincin teman saya sangat bagus.

(3) Harga tiket pesawat ke New York sangat mahal.

(4) Sup ini sedikit asin.

(5) PC itu agak murah.

(6) Kopor buatan Jepang cukup kuat.

(7) Rasa masakan restoran itu kurang sedap.

(8) Dia tidak begitu senang mendengar musik dangdut.

(9) Harga barang di Tokyo terlalu mahal.

(10) Kopi ini sama sekali tidak harum.

単語　cincin［チンチン］指輪　　tiket［ティケット］チケット　　sup［スゥプ］スープ
buatan［ブゥアタン］〜製　　kuat［クゥアット］強い、丈夫な
dangdut［ダンドゥット］ダンドゥット（インドネシアの歌謡曲）　　barang［バラン］物

Pelajaran 14

タクシーを呼んでください

Tolong panggil taksi!
トろン　パンギる　タクスィ
タクシーを呼んでください。

Minta piring dan gelas!
ミンタ　ピリン　ダン　グラス
皿とコップをください。

Silakan duduk.
スィらカン　ドゥドゥック
どうぞおかけください。

[単語] tolong ～ください　　panggil 呼ぶ　　taksi タクシー　　minta 頼む
　　　piring 皿　　gelas コップ　　silakan どうぞ～してください　　duduk 座る

§1　依頼の命令文

相手に何かを頼む場合は、Tolong ～！のパターンで表現します。Tolong の後ろに自分がしてほしい動作を表す動詞を使いますが、me- 動詞の場合、接頭辞 me- はつけません。

Tolong ganti sprei!　　　シーツを交換してください。
　　　← Tolong の後ろには、自分がしてほしい行為、動作を表す動詞を置く

Tolong buat kopi untuk tamu!　　お客さんにコーヒーをいれてください。

[単語] ganti [ガンティ] 交換する　　sprei [スプレイ] シーツ　　tamu [タムゥ] 客

§2　要求の命令文

自分が何かを欲しい時には、Minta ～！のパターンで表現します。Minta の後ろには欲しいものの名前や事柄を言います。

Minta kartu nama!　　　名刺をください。
　　　← Minta の後ろには、自分が欲しいもの名前を言う

Minta contoh produk itu!　　その製品見本をください。

[単語] kartu nama [カルトゥ　ナマ] 名刺（kartu カード）

77

§3　勧誘の命令文

(098)

相手に何かを勧める場合は、Silakan [スィらカン] ～．のパターンで表現します。Silakan の後ろには、勧める動作を表す動詞を使います。

Silakan beristirahat.　　　　どうぞ休憩してください。

Silakan の後ろには、相手に勧めたい行為、動作を表す動詞を置く

Silakan datang.　　　　どうぞお越しください。

§4　試すよう勧める命令文

(099)

何かをやってごらんなさい、という場合は Coba [チョバ] ～．を使って表現します。Coba の後ろに、勧める行為、動作を表す動詞を使います。

Coba bertanya kepada satpam itu.　あの警備員に聞いてみてください。

Coba の後ろには、相手に試みるよう勧めたい行為、動作を表す動詞を置く

Coba pakai obat ini.　　　　この薬を使ってみてください。

単語　coba 試す　　bertanya [ブルタニャ] 聞く（ber-+tanya 聞く）
　　　satpam [サットパム] 警備員（satuan pengamanan の省略形）　　obat [オバット] 薬

§5　一緒に何かをしようと勧誘する命令文

(100)

相手を誘って自分も一緒に何かをしましょうという場合、Mari kita [マリ キタ] ～！のパターンで表現します。日常会話では kita を省略する場合が多いです。

会話では、Ayo ～！や、文末に、～, yuk！がよく使われる

Mari kita pergi makan di Blok M!　ブロック M に食べに行きましょう。

Mari makan!　　　　さあ、食べましょう。

インドネシア語には「いただきます」にあたる言い回しがありません。
Mari makan! といって食べるといいでしょう

単語　mari ～しましょう
　　　Blok M [ブロック　エム] ブロック M（ジャカルタ首都特別州・南ジャカルタ市にある地区の名）

§6　いわゆる命令の命令文

(101)

～しなさいという場合は、動詞だけを使って表現します。語調によって、強く命令するニュアンスを出したり、またやわらかく「～して」というニュアンスも表現しますので、話す時は注意が必要です。また、動詞の語尾に -lah をつけると丁寧であると解釈されます。

Pelajaran 14

Masuk!	入りなさい。
Keluar!	出て行きなさい。
Ambillah!	取りなさい。
Pergilah!	行きなさい。

§7 「禁〜！」の表現

口語では使われませんが、掲示などで禁止事項を表す時に、Dilarang［ディらラん］〜！という表現が一般的に使われます。また、口語の禁止表現には Jangan［ジャんガン］〜！が使われます。掲示物等で目にする頻度が高いものを下にあげておきます。

Dilarang merokok!	禁煙
Dilarang masuk!	立ち入り禁止
Dilarang ambil foto!	撮影禁止
Dilarang buang sampah di sini!	ここにゴミを捨てるべからず！
Jangan merokok!	喫煙しないでください。
Jangan buang sampah di sini!	ここにゴミを捨てないでください。

[単語] dilarang 禁じられている　　ambil［アムビる］とる　　foto［フォト］写真
　　　 buang［ブゥアん］捨てる　　jangan 〜しないで

便利なコモノ

jangan-jangan［ジャんガン ジャんガン］と **jangan sampai**［ジャんガン サムパイ］

この課では、jangan は禁止を表す意味としての用法を学びました。しかし、2回繰り返せば、「〜ではないとよいのだが」という意味になります。また、jangan sampai は「〜しないように」という意味で使われます。Jangan-jangan dia sakit.「彼は病気でないといいのだけれど」、Jangan sampai terlambat masuk.「遅刻しないように」というように使います。

[単語] sakit［サキット］病気になる　　terlambat［トゥルらムバット］遅れる

79

Percakapan　会話

Handoyo: Tolong antarkan saya ke PT Rajawali, Pak.

Sopir: Di jalan mana?

Handoyo: Di Jalan Papua.
Saya agak lama di situ.
Tolong ambil EMS dari Jepang di kantor pos, dan kembali ke kantor PT Rajawali pada jam dua, Pak.

Sopir: Baik.

Handoyo: O, ya, makan siang dulu, ya.

ハンドヨ：　　株式会社ラジャワリに送って行ってください。

運転手：　　何通りですか？

ハンドヨ：　　パプア通り。

　　　　　　私はそこでやや長くかかります。

　　　　　　郵便局で日本からのEMSを受け取って、2時にラジャワリ社のオフィスに戻って来てください。

運転手：　　かしこまりました。

ハンドヨ：　　そうだ、先に昼食をとってね。

[単語] antarkan［アンタルカン］送る、連れて行ってあげる
　　（antar［アンタル］連れて行く＋-kan「～してあげる」を意味する接尾辞）
　　PT［ペーテー］株式会社
　　（Perseroan［ペルセロアン］会社　Terbatas［トゥルバタス］「限られた」の略）
　　kembali［クムバリ］戻る　　dulu［ドゥるゥ］先に、前に

80

Pelajaran 14

Latihan 練習

(104)

次の文章を日本語に訳してみましょう。

(1) Pergi!

(2) Duduklah!

(3) Silakan datang ke rumah saya.

(4) Tolong cari obat ini di apotek!

(5) Minta dua lagi!

(6) Coba minum sedikit!

(7) Mari kita berjalan-jalan ke Puncak!

(8) Tolong tanda tangan di sini!

(9) Silakan pakai sandal itu.

(10) Minta sedotan!

単語 apotek［アポテック］薬局　　coba［チョバ］試す
berjalan-jalan［ブルジャラン　ジャラン］散歩する、旅行に行く
Puncak［プンチャック］プンチャック（西ジャワ州の高原の名）
tanda tangan［タンダ　タンガン］署名　　sandal［サンダる］サンダル
pakai［パカイ］履く　　sedotan［スドタン］ストロー

81

Pelajaran 15

私はお酒が好きです

Saya suka minuman keras. 私はお酒が好きです。
サヤ　スゥカ　ミヌゥマン　クラス

Ibu saya membeli manisan mangga di pasar swalayan.
イブッサヤ　ムムブリ　マニサン　マンガ　ディパサル　スワラヤン
　　　　　　　　　　　　　　　母はスーパーでマンゴーの甘漬を買いました。

Adik laki-laki saya tidak suka sayur-sayuran.
アディック らキ らキ サヤ ティダック スゥカ　サユゥル サユゥラン
　　　　　　　　　　　　　　　私の弟は野菜類が嫌いです。

Pacarnya membaca majalah mingguan.
パチャルニャ　ムムバチャ　マジャらハ　ミングゥアン
　　　　　　　　　　　　　　　彼女の恋人は週刊誌を読んでいます。

[単語] suka ～が好きだ　　manisan 甘漬
　　　pasar swalayan スーパーマーケット（pasar マーケット　swalayan セルフサービスの）
　　　sayur-sayuran 野菜類（sayur＋sayur＋-an）
　　　pacarnya 彼女の恋人（pacar 恋人　-nya 彼女の）
　　　majalah mingguan 週刊誌（majalah 雑誌　mingguan 週ごとの）

§1　名詞を作る接尾辞 -an

　動詞、形容詞、繰り返しの語、時に関する名詞、数詞の語尾に接尾辞 -an をつけて、名詞を作ることができます。

Pelajaran 15

§2　動詞＋-an

動詞の意味する動作の結果や目的を表す名詞になります。日常よく使われる -an の派生語を下に紹介します。

minum 飲む 　→　minum**an** 飲み物	ukur 計る 　→　ukur**an** サイズ
makan 食べる 　→　makan**an** 食べ物	buat 作る 　→　buat**an** 〜製
pakai 使う、着る 　→　pakai**an** 衣服	jahit 縫う 　→　jahit**an** 縫製
baca 読む 　→　baca**an** 読み物	jawab 答える 　→　jawab**an** 答え
cuci 洗う 　→　cuci**an** 洗濯物	menabung 貯金する 　→　tabung**an** 貯金、蓄え
jual 売る 　→　jual**an** 商品	(meng)goreng 揚げる 　→　goreng**an** 揚げ物
lapor 報告する 　→　lapor**an** 報告	(mem)bangun 建てる 　→　bangun**an** 建物
tulis 書く 　→　tulis**an** 書いたもの	mengarang 文を書く 　→　karang**an** 作文
lukis 描く 　→　lukis**an** 絵画	pinjam 借りる 　→　pinjam**an** 借り入れ、借り物
rekam 録音する 　→　rekam**an** 録音	menyumbang 寄付する 　→　sumbang**an** 寄付

＊ -an がつくと、元々の単語の意味をいかした名詞ができる

§3　形容詞＋-an

形容詞の特徴を持つ物や場所名、また名詞の意味する特徴を持つ人を表す名詞を作ることができます。

manis 甘い	→	manis**an**	甘漬、お菓子
asin 塩辛い	→	asin**an**	漬け物
lapang 広い	→	lapang**an**	広場
bundar 丸い	→	bundar**an**	ロータリー

83

§4 名詞 - 名詞＋-an

名詞を二回繰り返して、語尾に接尾辞 -an をつけると、その名詞の集合体や類目、または似せて作った作り物を表す名詞をつくることができます。

sayur 野菜　→　sayur-sayuran 野菜類
buah 実　→　buah-buahan 果物
obat 薬　→　obat-obatan 薬品
orang 人　→　orang-orangan 人形、かかし
mobil 車　→　mobil-mobilan おもちゃの車

§5 時を表す名詞＋-an

その名詞の意味する時間の周期性を表す名詞を作ることができます。

hari 日　→　harian 日ごとの
minggu 週　→　mingguan 週ごとの
bulan 月　→　bulanan 月ごとの
tahun 年　→　tahunan 年ごとの
musim 季節　→　musiman 季節ごとの

§6 数詞＋-an

10、100、1,000 などに接尾辞 -an をつけると、数量を限定せずに、その単位を基準とする多数を意味する派生語を作ることができます。

puluh 10の位　→　puluhan 数十の
ratus 100の位　→　ratusan 数百の
ribu 1,000の位　→　ribuan 数千の
juta 100万の位　→　jutaan 数百万の

§7 立場を表す名詞

atas「上」に -an をつけ atasan とすると「上司」という意味に、また bawah「下」に -an をつけ bawahan とすると「部下」「下級の」という意味の派生語になります。

Pelajaran 15

スラバヤの書店。さまざまなジャンルの書籍があふれています。他の物価と比較すると、書籍は若干高めです

便利なコモノ　sambil [サムビる]

　sambil は「〜しながら」という意味の接続詞。Atasan saya minum kopi sambil merokok.「私の上司はタバコを吸いながらコーヒーを飲みます」、Kita mencari oleh-oleh khas Bali sambil jalan-jalan di Kuta.「私たちはクタを散策しながらバリ名物の土産を探します」というように使います。

単語 sambil 〜しながら　　oleh-oleh お土産　　khas 特有の　　jalan-jalan 散歩する
　　　　Kuta クタ（バリ島のビーチの名前）

Percakapan　会話

Ichiro: Ibu Risa bisa minum bir?

Risa: Saya tidak biasa minum minuman keras, Bapak.

Ichiro: Orang Indonesia tidak biasa minum minuman keras?

Risa: Ya, karena banyak orang Indonesia beragama Islam.

Saya rasa orang Indonesia suka makan manisan.

Ichiro: Kalau saya kurang suka manisan dan kue.

一郎：	リサさんはビールを飲めますか？
リサ：	私はお酒を飲み慣れていません。
一郎：	インドネシア人はお酒を飲み慣れないのですか？
リサ：	はい、なぜならば多くのインドネシア人はイスラム教徒ですから。
	私はインドネシア人は甘いものをよく食べると思います。
一郎：	私なら、甘いものやお菓子はあまり好きではありません。

単語　bir ビール　　biasa 普段の、普通の
beragama 宗教を信じる、宗教をもつ（ber-+agama 宗教）
Islam イスラム（教）　　rasa 思う　　manisan 甘いもの（manis 甘い+-an）
kue お菓子

Pelajaran 15

Latihan　練習

次の単語を使って、例文を考えてみましょう。

(1) pakaian

(2) bacaan

(3) masakan

(4) makanan

(5) buah-buahan

(6) bulanan

(7) lapangan

(8) atasan

(9) asinan

(10) ribuan

Pelajaran 16

(113)

誰がその講習会のインドネシア語の教師ですか？

Siapa pengajar bahasa Indonesia di kursus itu?
スィアパ プんガジャル バハサ インドネスィア ディクゥルスゥス イトゥ
　　　　　　　　　　　　誰がその講習会のインドネシア語の教師ですか？

Dokter memberi obat penurun panas kepada pasien.
ドクトゥル ムムブリ オバット プヌルゥン パナス クパダ パスィエン
　　　　　　　　　　　　医者は患者に解熱剤を与えます。

Pemuda itu gagah.　　　その若者は雄々しいです。
プムゥダ イトゥ ガガハ

Pejudo itu berasal dari Jepang.
プジュド イトゥ ブルアサる ダリ ジュパん
　　　　　　　　　　　　その柔道家は日本の出身です。

[単語] pengajar 教師（peng-+ajar 教える）　　kursus 講習会、コース　　dokter 医者
obat penurun panas 解熱剤（obat 薬　penurun 下げるもの　panas 熱、暑い、熱い）
pasien 患者　　pemuda 若者（pe-+muda 若い）
gagah たくましい、雄々しい　　pejudo 柔道家、柔道の選手（pe-+judo 柔道）
berasal 出身である（ber-+asal 出身）

§1　名詞を作る接頭辞 pe-

　接頭辞 pe- と動詞、形容詞を組み合わせて名詞を作ることができます。また、スポーツなど競技名と組み合わせれば、その競技をする人を表す名詞になります。me- 動詞に由来する pe- 名詞形と形容詞に由来する pe- 名詞形を作る場合は、接頭辞 pe- は語根の先頭文字によって形を変えます。その規則は接頭辞 me- と同じです。また ber- 動詞に由来する pe- 名詞形を作る場合は、belajar を除いて、そのまま pe- をつけます。

Pelajaran 16

§2 pe-＋動詞 その1
動詞が意味する動作を行う人を表す名詞になります。

Bapak Siregar mengajar bahasa Indonesia di kursus itu.
シレガルさんはその講習会でインドネシア語を教えています。

mengajar は「〜を教える」の意味

Siapa pengajar bahasa Indonesia di kursus itu?
誰がその講習会のインドネシア語の教師ですか？

pengajar は「教師」の意味

Mereka belajar bahasa Indonesia.
彼らはインドネシア語を勉強します。

belajar は「勉強する」の意味

Mereka adalah pelajar asing dari Jepang.
彼らは日本からの留学生です。

pelajar は「学生」「学習者」の意味

[単語] mengajar［ムンガジャル］教える
pelajar asing［プラジャル アスィン］留学生（asing 外部の、見慣れない）

§3 pe-＋動詞 その2
動詞が意味する動作を行うための道具や手段を表す名詞になります。

Demam pasien itu tidak turun. その患者の熱が下がりません。

turun は「下がる」「降りる」の意味

Dokter memberi obat penurun panas kepada pasien.
医者は患者に解熱剤を与えます。

penurun は「下げるもの」の意味

[単語] demam［ドゥマム］熱　　turun［トゥルゥン］下がる、降りる

§4 pe-＋動詞 その3
動詞が意味する特徴を持つ人を表す名詞になります。

Ayah saya tidak minum minuman keras.
私の父はお酒を飲みません。

minum は「飲む」という意味

Teman ayah saya peminum. 私の父の友人は酒飲みです。

peminum で「酒飲み」という意味

[単語] peminum［プミヌゥム］酒飲み

§5　pe-＋形容詞　その１
形容詞が意味する特徴を持つ人を表す名詞になります。

Dia masih muda.　　　　彼はまだ若いです。
　muda は「若い」の意味

Pemuda itu gagah.　　　その若者は雄々しいです。
　pemuda は「若者」「青年」の意味

[単語] muda ［ムゥダ］若い　　pemuda ［プムゥダ］若者　　gagah ［ガガハ］雄々しい

§6　pe-＋形容詞　その２
形容詞が意味する状態にする道具や物を表す名詞になります。

Daerah ini panas.　　　この地域は暑いです。
　panas は「暑い」「熱い」

Pada musim dingin orang Jepang memakai pemanas di rumah.
　pemanas は「暖房」「ヒーター」の意味
　　　　　　　　　　　冬に日本人は家で暖房を使います。

[単語] daerah ［ダエラハ］地域
　　　musim dingin ［ムゥスィム　ディンギン］冬（musim 季節　dingin 寒い、冷たい）
　　　pemanas ［プマナス］暖房、ヒーター（pem-＋panas）

§7　pe-＋競技名
語根の競技名を行う選手を表す名詞になります。この場合、語根の先頭文字に左右されず、単純に pe- をつけます。

Besok kami menonton pertandingan judo di televisi.
　judo は「柔道」の意味
　　　　　　　　　　　明日、私たちはテレビで柔道の試合を観ます。

Pejudo itu berasal dari Jepang.
　pejudo は「柔道家」「柔道選手」の意味
　　　　　　　　　　　その柔道家は日本の出身です。

Setiap hari Minggu saya bermain tenis.
　tenis は「テニス」の意味
　　　　　　　　　　　毎日曜日、私はテニスをします。

Setiap hari petenis itu berlatih di lapangan tenis ini.
　petenis は「テニス選手」の意味

＊競技名に pe- をつける場合は、先頭文字が何であっても pe- をつけることに注意！
　　　　　　　　　　　毎日、あのテニス選手はこのテニスコートで練習します。

Pelajaran 16

単語
pertandingan ［プルタンディんガン］試合　　judo ［ジュド］柔道
televisi ［テれフィスィ］テレビ　　pejudo ［プジュド］柔道家　　tenis ［テニス］テニス
petenis ［プテニス］テニス選手　　berlatih ［ブルらティﾋ］練習する（ber-＋latih 練習する）
lapangan ［らパんガン］広場　　lapangan tenis テニスコート

外国人学習者にインドネシア語を教えるウダヤナ大学（バリ）のマディア先生

便利なコモノ　kalau ［カらウゥ］

　kalau は「もし〜ならば」「〜の場合」という意味の接続詞。仮定の表現をする時に、英語の if のような使い方をします。Kalau murah, saya mau membeli itu.「もし安ければ、私はそれを買いたいです」、Kalau hujan, saya tidak pergi.「もし雨ならば、私は出かけません」というように使います。

単語　kalau もし〜ならば、〜の場合

Percakapan 会話

Ichiro: Akhir-akhir ini angka perokok di Indonesia bertambah atau berkurang?

Risa: Saya kurang tahu persis, tetapi sering menjadi bahan pembicaraan di masyarakat adalah perokok anak.

Ichiro: Saya tidak merokok.
Rokok dapat mengakibatkan berbagai penyakit.

Risa: Bapak minum alkohol?

Ichiro: Ya. Saya suka sake Jepang.
Biasanya saya minum sake lima gelas sehari.

Risa: Wah, Bapak termasuk peminum, ya.

Ichiro: Hahaha ...

Risa: Hati-hati!
Jangan sampai jatuh sakit.

Pelajaran 16

一郎： 最近インドネシアの喫煙者数は増加していますか、それとも減少していますか？

リサ： 私ははっきり知らないのですが、しばしば社会で話題になるのは子どもの喫煙者です。

一郎： 私はタバコを吸いません。

タバコはさまざまな病気を引き起こします。

リサ： あなたはアルコールを飲みますか？

一郎： はい。私は日本酒が好きです。

普段、私は一日に日本酒を5杯飲みます。

リサ： わぁ～、あなたは呑んべいですね。

一郎： ハハハ…

リサ： 気をつけて。

病気にならないように。

単語 akhir-akhir ini [アッヒル アッヒル イニ] 最近　　angka [アンカ] 数
perokok [プロコック] 喫煙者（pe-+rokok [ロコック] タバコ）
bertambah [ブルタムバハ] 増加する、増える（ber-+tambah 増やす）
berkurang [ブルクゥラン] 減る（ber-+kurang 減らす）
kurang [クゥラン] 足りない、不十分な　　tahu [タフゥ] 知る
menjadi [ムンジャディ] ～になる（men-+jadi ～になる）
bahan pembicaraan [バハン ブムビチャラアン] 話題（bahan 材料　pembicaraan 話）
masyarakat [マシャラカット] 社会　　adalah [アダらハ] ～です
mengakibatkan [ムンガキバットカン] 引き起こす　　berbagai [ブルバガイ] さまざまな
penyakit [プニャキット] 病気　　alkohol [アるコホる] アルコール
biasanya [ビアサニャ] 普通は　　sehari [スハリ] 一日
termasuk [トゥルマスゥック] ～を含む　　hati-hati [ハティ ハティ] 気をつける
jangan [ジャンガン] ～してはいけない　　sampai [サムパイ] 届く、達する
jatuh sakit [ジャトゥッ サキット] 病気になる（jatuh 落ちる　sakit 病気、痛い）

93

Latihan 問題

次の文章の（　）内の単語に pe- をつけ、文章を日本語に訳しましょう。

(1) (kerja) pabrik itu minta kenaikan gaji.

(2) (langgan) surat kabar harian itu semakin banyak.

(3) Adik saya (takut).

(4) (lukis) Bali itu tinggal di Ubud.

(5) (kering) rambut buatan Jepang lebih mahal daripada buatan luar negeri lain.

(6) Mesin (sedot) ini rusak.

(7) Para (selancar) berkumpul di pantai Kuta.

(8) (mabuk) itu tidur di pinggir jalan.

(9) (dagang) itu menjual sayur-mayur dari kampungnya.

(10) (musik) jalanan di Tokyo akhir-akhir ini bertambah.

Pelajaran 16

単語
kerja［クルジャ］仕事、労働
pabrik［パブリック］工場　　kenaikan gaji［クナイカン　ガジ］昇給（kenaikan 上昇　gaji 給料）
langgan［らんガン］購読する
surat kabar［スゥラット　カバル］新聞（surat 手紙　kabar ニュース）
harian［ハリアン］毎日の、日刊新聞　　semakin［スマキン］ますます
takut［タクゥット］おびえる　　lukis［るゥキス］絵を描く　　tinggal［ティンガる］住む
Ubud［ウゥブゥッド］ウブド（バリ島のリゾート地名、バリ島芸術のメッカ）
kering［クリん］乾いた　　rambut［ラムブゥット］髪
luar negeri［るゥアル　ヌグリ］外国（luar 外　negeri 国）　　lain［らイン］他の
mesin［ムスィン］機械　　sedot［スドット］吸う　　rusak［ルサック］壊れた、故障した
para［パラ］多くの　　selancar［スランチャル］波乗りする
berkumpul［ブルクゥムプる］集まる（ber-＋kumpul 集まる）
pantai Kuta［パンタイ　クゥタ］クタビーチ（バリ島南部のリゾートビーチ）
mabuk［マブック］酔う　　tidur［ティドゥル］寝る　　pinggir［ピンギル］縁、端
dagang［ダガん］商売　　menjual［ムンジュアる］売る（men-＋jual 売る）
sayur-mayur［サユゥ　マユゥる］野菜
kampungnya［カムプゥんニャ］彼の村（kampung 村＋-nya）

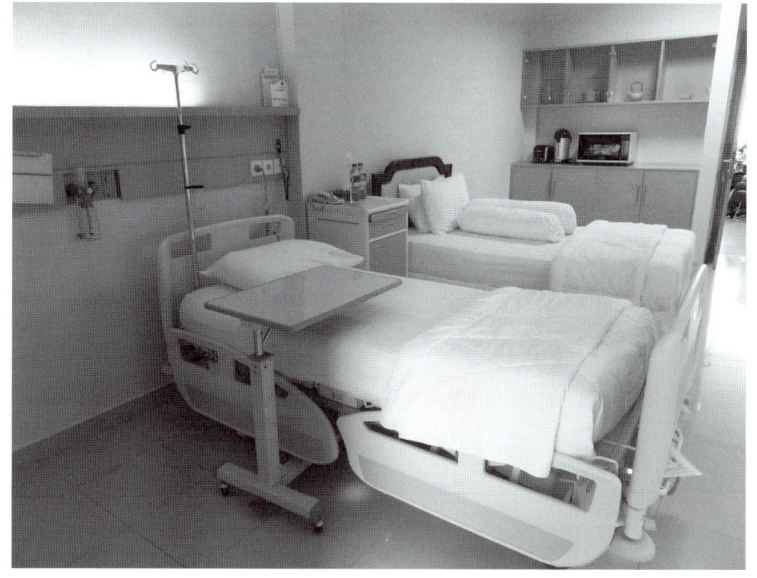

バリ島デンパサール市内にあるスルヤ・フサダ病院の病室。個室の中には、付き添い家族が宿泊できるベッドや、簡易キッチンが完備

Pelajaran 17

(122)

運転手は車庫に車を入れます

Sopir memasukkan mobil ke garasi.
ソピル　ムマスッカン　モビる　ク　ガラスィ
　　　　　　　　　　運転手は車庫に車を入れます。

Sopir saya ingin menyekolahkan anaknya di Bogor.
ソピル　サヤ　イんギン　ムニュこらハカン　アナックニャ　ディ　ボゴル
　　　　　　　　　　私の運転手は彼の子どもをボゴールの学校に通わせたいです。

Sopir membersihkan bagasi mobil.
ソピル　ムムブルスィヒカン　バガスィ　モビる
　　　　　　　　　　運転手は車のトランクを掃除します。

Sopir membukakan tamu pintu mobil.
ソピル　ムムブッカカン　タムゥ　ピントゥ　モビる
　　　　　　　　　　運転手は客に車のドアを開けてあげます。

[単語] sopir 運転手　　garasi 車庫、ガレージ
menyekolahkan 学校に入れる、学校に通わせる（meny-+sekolah 学校+-kan）
Bogor ボゴール（西ジャワ州の都市）
membersihkan 掃除する（mem-+bersih 清潔な+-kan）
bagasi mobil 車のトランク（bagasi 荷物、トランク）
membukakan 開ける（mem-+buka 開ける+-kan）　　tamu 客　　pintu ドア

§1　me-kan 動詞

　これまで学習した動詞は、接頭辞のみをつけて使うものでした。この課では、接尾辞 -kan も同時につけて使われる動詞を学習します。語根を接頭辞 me- と接尾辞 -kan ではさんで派生語を作ります。me-kan の間には、自動詞、名詞、形容詞、他動詞が使われますが、いずれの場合も派生語は「他動詞」に分類されることが特徴です。

96

Pelajaran 17

§2　me- 自動詞 -kan

このパターンの派生語は、文中の目的語に対し、動作主が語根の表す行為のようにするという意味になります。

Sopir masuk ke dalam mobil.　運転手は車の中に入ります。

　　　↳「入る」という語根動詞

Sopir memasukkan mobil ke garasi.

　　　　　　運転手は車庫に車を入れます。

　　　↳接頭辞 me- と接尾辞 -kan ではさむと「～を入れる」という他動詞に変化

単語　dalam［ダらム］中　　masuk［マスゥック］入る

§3　me- 名詞 -kan

このパターンの派生語は、文中の目的語に対して、語根の表す物や事柄を与えるという意味になります。

Sekolah itu terkenal di Bogor.　その学校はボゴールで有名です。

　　　↳「学校」という名詞

Sopir saya ingin menyekolahkan anaknya di Bogor.

接頭辞 me- と接尾辞 -kan ではさむと
「学校に入れる」という他動詞に変化

　　　　　　私の運転手は彼の子どもをボゴールの学校に通わせたいです。

me- 名詞 -kan の派生語には、上のように「～を与える」という意味になるものの他に、「～をもたらす」という意味の派生語になるものもあります。

Akibat tsunami itu, banyak warga setempat tewas.

　　　　　　あの津波の結果、多くの住民が死亡しました。

Tsunami itu mengakibatkan kerugian yang besar sekali.

　　　　　　あの津波はとても大きな損害をもたらしました。

単語　sekolah［スコらハ］学校　　terkenal［トゥルクナる］有名（な）　　akibat［アキバット］結果
tsunami［ツナミ］津波　　warga［ワルガ］住民　　setempat［ストゥムパット］その場所
tewas［テワス］死ぬ（事故や災害などで）　　mengakibatkan［ムンガキバットカン］もたらす
kerugian［クルッギアン］損害　　besar［ブサル］大きな　　sekali［スカリ］とても

§4　me- 形容詞 -kan

このパターンの派生語は、文中の目的語に対して語根が表す状態にするという意味になります。

Bagasi mobil saya kurang bersih.

「きれいな」「清潔な」という形容詞

私の車のトランクは、あまりきれいではありません。

Sopir membersihkan bagasi mobil.

運転手は車のトランクを掃除します。

接頭辞 me- と接尾辞 -kan ではさむと「～をきれいにする」「掃除する」という他動詞に変化

[単語] bersih ［ブルスィヒ］ きれいな、清潔な

§5　me- 他動詞 -kan

このパターンの派生語は、動作主が語根の表す行為を他者の為にするという意味になります。「～のために／～に対して○○してあげる」という表現に使われます。

(A)　**Sopir membuka pintu mobil untuk tamu.**

　　me- 動詞　　　　　　　　　+ untuk +間接目的語
　　+直接目的語　　　　　　　（前置詞）
　　　↓　　　　　　　　　　　　　↓
　　　物　　　　　　　　　　　　　人

運転手は客に車のドアを開けてあげます。

(B)　**Sopir membukakan tamu pintu mobil.**

　　me- 他動詞 -kan　間接目的語　+直接目的語
　　　↓　　　　　　　　↓　　　　　　↓
　　「～のために○○　　　人　　　　　物
　　してあげる」

(A)と(B)では、動詞の直後に置かれる単語に違いがあります。(A)は、行為の対象となる物が置かれますが、(B)では行為を受ける対象が置かれます。接尾辞 -kan には、untuk「～のために」、kepada「～へ」などの前置詞の機能があるからです。(A)と(B)は相互に言い換えることができます。

[単語] membuka ［ムムブゥカ］ 開ける　　untuk ［ウゥントゥック］ ～のために
　　　 membukakan ［ムムブゥカカン］ 開けてあげる

Pelajaran 17

§6 特殊な me-kan 動詞

次の単語は、接頭辞 me- の有る無し、接尾辞 -kan の有る無しにより、意味が大きく違う特殊な単語です。

Dia tinggal di Bogor. 彼はボゴールに住んでいます。

Dia meninggal dunia di Bogor. 彼はボゴールで亡くなりました。

Dia meninggalkan Bogor ke Jakarta.
彼はボゴールを後にしてジャカルタへ向かいました。

Kami menyewa rumah di Pondok Indah.
私たちはポンドック・インダに家を借ります。

Bapak Kasim menyewakan rumahnya kepada kami.
カシムさんは私たちに家を貸します。

Rina meminjam pena temannya.
リナは彼女の友人のペンを借ります。

Teman Rina meminjamkan pena kepada Rina.
リナの友人はリナにペンを貸します。

Saya bangun pagi-pagi. 私は朝早く起きます。

Saya membangun rumah di Surabaya.
私はスラバヤに家を建てます。

Saya membangungkan adik perempuan saya.
私は妹を起こします。

Mereka mendengar musik klasik.
彼らはクラシック音楽を聞きます。

Mereka mendengarkan siaran berita radio.
彼らは注意深くラジオのニュース放送を聞きます。

【単語】meninggal 死ぬ　dunia 世界　meninggalkan 後にする　menyewa 借りる
Pondok Indah ポンドック・インダ（南ジャカルタの住宅地）　menyewakan 貸す
rumahnya 彼の家（-nya 彼の）　meminjam 借りる　pena ペン
temannya 彼女の友達（teman 友達、-nya 彼女の）　meminjamkan 貸す
bangun 起きる　pagi-pagi 早朝　membangun 建てる
membangunkan 起こす　mendengar 聞く　musik klasik クラシック音楽
mendengarkan 注意深く聞く　siaran berita radio ラジオのニュース放送

99

Percakapan 会話

Handoyo: Apa kenang-kenangan Ibu waktu masih kecil?

Risa: Setiap malam ketika mau tidur, ibu saya selalu membacakan saya buku cerita dongeng.

Handoyo: Ibu suka cerita apa?

Risa: Saya suka cerita Kancil.
Kalau saya ingin mendengar cerita dongeng lain, ibu pasti mencarikan saya buku cerita dongeng baru.

Handoyo: Itu kebiasaan yang sangat baik bagi anak.

便利なコモノ　untuk ［ウントゥック］

　untuk は「～のために」「～するために」という意味の前置詞。日常会話では untuk の代わりに buat を使うこともあります。Saya mencari oleh-oleh Indonesia untuk teman saya di Tokyo.「私は東京の私の友人のためにインドネシアのお土産を探します」、Ibu saya memasak nasi goreng untuk sarapan.「母は朝食用にナシゴレンを作ります」というように使います。

単語　buat ［ブゥアット］　～のために

Pelajaran 17

ハンドヨ： あなたが小さかったころのあなたの思い出は何ですか？
リサ： 毎晩寝る時、私の母はいつもおとぎ話の本を読んでくれました。
ハンドヨ： あなたは何の話が好きでしたか？
リサ： 私はカンチルの話が好きでした。
　　　　　もし（私が）他のおとぎ話を聞きたければ、母は必ず私に新しいおとぎ話の本を探してくれました。
ハンドヨ： それは子どもにとって、とてもよい習慣です。

単語 kenang-kenangan ［クナン　クナンガン］思い出、記念品、形見　　waktu ［ワクトゥ］〜の時
kecil ［クチル］小さい　　malam ［マラム］夜　　ketika ［クティカ］〜の時
selalu ［スラルゥ］いつも
membacakan ［ムムバチャカン］読んであげる（mem-＋baca 読む＋-kan）
cerita ［チュリタ］物語、話　　dongeng 昔話
Kancil ［カンチル］（インドネシアの昔話の主人公のシカの名前）　　pasti ［パスティ］必ず
mencarikan ［ムンチャリカン］探してあげる　　baru ［バルゥ］新しい
kebiasaan ［クビアサアン］習慣

ジャカルタの中心部

Latihan 練習

次の文章を日本語に訳してみましょう。

(1) Ibu memanaskan sop karena sudah dingin.

(2) Pacar saya memberikan saya hadiah ulang tahun.

(3) Yudono meminjamkan sepeda motornya kepada temannya.

(4) Adik laki-laki saya menghidupkan televisi.

(5) Ketika tidur, sebaiknya mematikan lampu.

(6) Setiap hari pembantu saya membersihkan kamar mandi.

(7) Angin sepoi-sepoi menyegarkan tubuh kita.

(8) Ibu saya membangunkan saya dan adik-adik pada pukul enam pagi.

(9) Pelayan mengambilkan tamu sebuah piring.

(10) Mereka mendengarkan pengumuman di halaman sekolah.

Pelajaran 17

単語
- memanaskan [ムマナスカン] あたためる、熱くする (me-+panas 熱い+-kan)
- hadiah [ハディアハ] プレゼント　　menghidupkan [ムンヒドゥプカン] つける
- mematikan [ムマティカン] 消す (me-+mati 消える+-kan)
- lampu [らムプゥ] 電気、電灯
- kamar mandi [カマル　マンディ] バスルーム、トイレ (mandi 水浴びをする)
- pembantu [プムバントゥ] メイド
- angin sepoi-sepoi [アンギン　スポイ　スポイ] そよ風 (angin 風　sepoi そよよ)
- menyegarkan [ムニュガルカン] さわやかにする、気持ちよくする　　tubuh [トゥブゥフ] 体
- mengambilkan [ムンガムビるカン] 取ってやる (meng-+ambil 取る+-kan)
- mendengarkan [ムンドゥんガルカン] 聞かせる (men-+dengar 聞く+-kan)
- pengumuman [プングゥムゥマン] お知らせ、通知
- halaman sekolah [ハらマン　スコらハ] 校庭 (halaman 庭)

休日の午前中、ジャカルタではカーフリーデーと称して、大通りを中心に歩行者天国になりサイクリング、ジョギングを楽しむ市民でにぎわいます

Pelajaran 18

彼らはあのビルに入っていきました

Mereka memasuki gedung itu. 彼らはあのビルに入ります。
ムレカ　　　ムマスゥキ　　グドゥン　イトゥ

Saya menggulai kopi. 私はコーヒーに砂糖を入れます。
サヤ　　ムんグゥらイ　コピ

Anak-anak mendekati anjing itu.
アナック アナック ムンドゥカティ　アンじン　イトゥ

子どもたちはその犬に近づきます。

Anak nakal itu memukuli anjingnya.
アナック　ナカる　イトゥ ムムゥクゥり　アンじンニャ

そのいたずらっ子は何度も彼の犬を叩きました。

[単語] memasuki 〜に入る (me-+masuk 入る+-i)
　　　 menggulai 砂糖を入れる (meng-+gula 砂糖+i)
　　　 mendekati 近寄る (men-+dekat 近い+-i)　　nakal いたずらな、わんぱくな
　　　 memukuli 何度も叩く (me-+pukul 叩く+-i)

§1　me-i 動詞

　この課では、接頭辞 me- と接尾辞 -i の両方を使う動詞を学習します。語根を接頭辞 me- と接尾辞 -i ではさんで派生語を作ります。me-i の間には、自動詞、名詞、形容詞、他動詞が使われますが、いずれの場合も派生語は「他動詞」に分類されることが特徴です。

§2　me-＋自動詞＋-i のパターン

　このパターンの派生語では、接尾辞 -i は語根が表す動作が行われる方向や場所を表す意味をもたらします。この場合、前置詞を用いて表現する自動詞＋前置詞として書き換えが可能です。

　　Mereka memasuki gedung itu.　彼らはあのビルに入ります。
　　比較　　　　　↓
　　Mereka masuk ke gedung itu.

104

Pelajaran 18

単語 masuk ［マスッック］ 入る

§3 me-＋名詞＋-i のパターン

このパターンの派生語では、接尾辞 -i は語根が表す物を目的語が表す人や物に与えるという意味の派生語を作り出したり、また、語根が表す意味の人になる、あるいは、役割、立場として振る舞うという意味の派生語を作り出します。

Saya menggulai kopi.　　　　　　私はコーヒーに砂糖を入れます。
比較　　　↓
Saya memberi gula pada kopi.

Bapak Sudirman mengetuai rapat hari ini.
比較　　　　　　　　　↓　　　スディルマンさんは今日の会議で議長をします。
Bapak Sudirman bertindak sebagai ketua dalam rapat hari ini.

単語 mengetuai ［ムんグトゥアイ］ 議長をする（meng-＋ketua 議長、会長＋-i）
　　　bertindak ［ブルティンダック］ 措置する　　sebagai ［スバガイ］ ～として

§4 me-＋形容詞＋-i のパターン

このパターンでは、接尾辞 -i は語根が表す動作が行われる方向や場所を表す前置詞の意味をもたらします。この場合、§1と同様に、前置詞を用いた表現と書き換えが可能です。

Anak-anak mendekati anjing itu.
比較　　　↓　　　　　　　子どもたちはその犬に近づきます。
Anak-anak mendekat ke anjing itu.

単語 mendekat ［ムンドゥカット］ 近づく、近寄る（men-＋dekat 近い）

便利なコモノ　waktu ［ワクトゥ］

waktu は「～の時に」という意味の接続詞。Waktu kecil, saya tinggal di Sumatera.「小さいころ、私はスマトラに住んでいました」、Waktu itu saya belum dapat berbahasa Indonesia.「その時、私はまだインドネシア語を話せませんでした」というように使います。

単語 berbahasa ［ブルバハサ］ ～語を話す、言葉を使う（ber-＋bahasa）

§5　me-＋他動詞＋-i のパターン

このパターンでは、語根が表す動作を目的語が表す対象に対して、繰り返し行う、または多くの対象に行われるという意味の派生語を作り出します。

Anak nakal itu memukuli anjingnya.
比較　　　　↓　　　　　　そのいたずらっ子は何度も彼の犬を叩きました。
Anak nakal itu memukul anjingnya berkali-kali.

Tukang kebun memotongi ranting pohon.
比較　　　　↓　　　　　　庭師は木の枝を次々に切り落とします。
Tukang kebun memotong ranting pohon satu demi satu.

単語　memukul［ムムックゥる］叩く　　berkali-kali［ブルカリ　カリ］何度も
　　　tukang kebun［トゥカン　クブゥン］庭師（tukang 職人、kebun 庭）
　　　memotongi［ムモトンギ］次々に切り落とす（mem-＋potong 切る＋-i）
　　　ranting［ランティン］枝　　pohon［ポホン］木
　　　satu demi satu［サトゥ　ドゥミ　サトゥ］一つずつ

ちょっと観察してみよう！

第17課で me-kan の派生語を学習しました。同じ語根にそれぞれ me-kan、me-i をつけて派生語を作った場合、意味がどのように違うのか観察してみましょう。masuk「入る」という単語の例で考えましょう。

(A)　**Dia memasukkan kartu ATM ke dalam mesin ATM.**
　　　　　　　　　　　　　彼女は ATM 機にキャッシュカードを入れます。
(B)　**Dia memasuki Bank ABC.**　彼女は ABC 銀行へ入ります。

(A)のほうは主語は動きませんが、目的語が表す人や物が動いて動詞が表す行為を行います。
(B)のほうは主語自身が動き、目的語が表す人や物が動詞が表す行為を行う場所になります。

単語　masuk［マスゥック］入る
　　　memasukkan［ムマスゥッカン］入れる（me-＋masuk＋-kan）
　　　kartu［カルトゥ］ATM［アーテーエム］(Anjungan Tunai Mandiri) キャッシュカード
　　　mesin ATM［ムスィン　アーテーエム］現金自動預け払い機、ATM 機
　　　memasuki［ムマスゥキ］入る　　bank［バン］銀行

Pelajaran 18

Percakapan 会話

Ichiro: Ibu Risa, Bapak Handoyo ke mana?

Risa: Tadi beliau memasuki ruang rapat.

Ichiro: O, saya ingat.
Hari ini beliau mengetuai rapat bulanan.

Risa: Saya sudah menghubungi semua kepala bagian agar mereka menepati waktu.

Ichiro: Bagus!

一郎： リサさん、ハンドヨさんはどこへ行きましたか？

リサ： さきほど、あの方は会議室へ入って行きました。

一郎： あ、思い出した。
今日、あの方は月例会議の議長をするんです。

リサ： 私は全部長に彼らが時間を守るように連絡をしました。

一郎： すばらしい！

単語 tadi [タディ] さっき　　beliau [ブリアウ] あの方
ruang rapat [ルゥアン ラパット] 会議室（ruang 部屋）　　ingat [インガット] 思い出す
bulanan [ブゥラナン] 毎月、月一回　　menghubungi [ムンフゥブンギ] 連絡を取る
kepala bagian [クパラ バギアン] 部長（kepala 長　bagian 部）
menepati [ムヌパティ] 守る（me-+tepat ちょうど+-i）　　waktu [ワックトゥ] 時間

107

Latihan　練習

次の文章を me-i を用いた動詞を使って書き換えましょう。

(1) Seekor tupai lompat di pohon tinggi.

　　_____

(2) Petani itu mencabut rumput di ladang.

　　_____

(3) Kami datang ke rumah guru.

　　_____

(4) Pemuda ini mau naik ke Gunung Fuji.

　　_____

(5) Ibu mencium saya berkali-kali.

　　_____

(6) Buah mangga jatuh ke atap sekolah kami.

　　_____

(7) Kami setuju pada pendapat Anda.

　　_____

(8) Ayah memberi nama Andi kepada adik saya.

　　_____

(9) Dokter memberi obat kepada pasien.

　　_____

(10) Anak-anak harus memberi hormat kepada orang tua.

　　_____

Pelajaran 18

単語
tupai [トゥパイ] リス、ムササビ　　lompat [ロムパット] 跳ぶ、ジャンプする
tinggi [ティンギ] 高い　　petani [プタニ] 農民（pe-+tani 農民）
mencabut [ムンチャブット] 引き抜く（men-+cabut 抜く）　　rumput [ルゥムプット] 草
ladang [らダン] 畑　　guru [グゥルゥ] 先生
pemuda [プムゥダ] 青年、若者（pe-+muda 若い）　naik [ナイック] 登る
gunung [グヌゥン] 山（Gunung Fuji 富士山）
mencium [ムンチウゥム] キスをする（men-+cium キスする、匂いを嗅ぐ）　　buah [ブアハ] 実
atap [アタップ] 屋根　　setuju [ストゥジュゥ] 賛成する
pendapat [プンダパット] 意見（pen-+dapat 得る、できる）　　hormat [ホルマット] 尊敬

バリ・ヒンドゥー教の宗教儀礼は年中そこかしこで行われます。村の共同体はいつも互いに行事を支え合うのが習わし

109

Pelajaran 19

(138)

私はインドネシア文化について知識を深めたいです

Saya ingin memperdalam pengetahuan tentang budaya Indonesia.
サヤ　インギン　ムムプルダラム　プングタフゥアン　トゥンタン　ブダヤ　インドネスィア
私はインドネシア文化について知識を深めたいです。

Kenalan saya memperistri wanita Indonesia.
クナらン　サヤ　ムムプリストゥリ　ワニタ　インドネスィア
私の知人はインドネシア人女性を妻にしました。

Kakak laki-laki saya memperkenalkan pacarnya kepada saya.
カカッㇰ　らキらキ　サヤ　ムムプルクナるカン　パチャルニャ　クパダ　サヤ
私の兄は私に彼の恋人を紹介しました。

Sopir memperbaiki mobil saya.
ソピル　ムムプルバイキ　モビる　サヤ
運転手は私の車を修理します。

【単語】 memperdalam 深める（memper-+dalam 深い）　　pengetahuan 知識
tentang ～について　　budaya 文化　　kenalan 知人（kenal 知っている、面識がある）
memperistri 妻にする（memper-+istri 妻）
memperkenalkan 紹介する（memper-+kenal 知っている＋-kan）
pacarnya 彼の恋人　　memperbaiki 修理する（memper-+baik 良い＋-i）

§1　memper- 動詞

　接頭辞 memper- は、形容詞、名詞、動詞と組み合わされ、他動詞を作る機能を持っています。また、接頭辞 memper- のみならず、接尾辞 -kan や -i も同時に使わなければならないケースもあります。

110

Pelajaran 19

§2　memper-＋形容詞

このケースの派生語は、語根が意味する状態をより高度な状態にするという意味を持ちます。

Kolam itu dalam sekali.　　あの（その）池はとても深い。

　　　　　　　　　　「深い」という形容詞

Dia ingin memperdalam pengetahuan tentang budaya Indonesia.

　　　　　　　接頭辞 memper- をつけると「〜を深める」という他動詞になる

　　　　　　　　　　彼女はインドネシア文化について知識を深めたいです。

[単語] kolam［コラム］池　　dalam［ダラム］深い

§3　memper-＋名詞

このケースの派生語は、語根が意味するように扱う、見なすという意味を持ちます。

Wanita Indonesia itu istri kenalan saya.

　　　　　　　　「妻」という名詞

　　　　　　　　　　あのインドネシア人女性は私の知人の奥さんです。

Kenalan saya memperistri wanita Indonesia.

　　　　　　　接頭辞 memper- をつけると「〜を妻にする」という他動詞になる

　　　　　　　　　　私の知人はインドネシア人女性を妻にしました。

[単語] istri［イストゥリ］妻　　memperistri［ムムプリストゥリ］〜を妻にする

§4　memper-＋動詞＋-kan

このケースの派生語は、語根が意味するようにするという意味を持ちます。

Saya kenal orang itu.　　私はその人を知っています。

　　　　「知っている」という動詞

Kakak laki-laki saya memperkenalkan pacarnya kepada saya.
接頭辞 memper- と接尾辞 -kan ではさむと
「〜を紹介する」という他動詞になる

　　　　　　　　　　私の兄は私に彼の恋人を紹介しました。

Anak-anak bekerja di pabrik.　　子どもたちは工場で働きます。

　　　　　　「働く」という自動詞

Dia mempekerjakan anak-anak di bawah umur.

　　　　　　　　　　彼は未成年者たちを働かせます。

　　　　接頭辞 memper- と接尾辞 -kan ではさむと「〜を働かせる」という他動詞になる

111

注意：kerja の memper-kan 形は、ber- が be- となったのと同様に、mempe-kan となることに注意。

[単語] bekerja [ブクルジャ] 働く　　pabrik [パブリック] 工場
mempekerjakan [ムムプクルジャカン] 働かせる、雇用する（mempe-＋kerja 仕事＋-kan）
di bawah umur [ディ　バワハ　ウゥムゥル] 未成年（bawah 下　umur 年齢）

§5　memper-＋名詞＋-kan

このケースの派生語は、語根が意味する名詞として取り上げるという意味を持ちます。

Soal itu tidak sulit.　　その問題は難しくない。
　　└「問題」という名詞

Ibu selalu mempersoalkan hal-hal yang kecil.
　　　　　　└接頭辞 memper- と接尾辞 -kan ではさむと「〜を問題にする」
　　　　　　　という他動詞になる
　　　　　　　　　　　　　母はいつも小さな事柄を問題にします。

[単語] soal [ソアる] 問題　　sulit [スゥリット] 難しい
mempersoalkan [ムムプルソアるカン] 〜を問題にする（memper-＋soal＋-kan）
hal [ハる] こと、件

§6　memper-＋語根＋-i

このケースの派生語はあまり多くなく、抜き出して覚えても十分なほど非常に限られた語根においておこります。よく使われる単語を例に紹介します。

Sopir saya orangnya baik.　　私の運転手は（人柄が）よいです。
　　　　　　　　└「よい」という形容詞

Sopir memperbaiki mobil saya. 運転手は私の車を修理します。
　　　　└接頭辞 memper- と接尾辞 -i ではさむと「〜を修理する」という
　　　　　他動詞になる

Saya belajar bahasa Indonesia. 私はインドネシア語を勉強します。
　　└「勉強する」という自動詞

Saya mempelajari bahasa Indonesia. 私はインドネシア語を研究します。
　　　　└接頭辞 memper- と接尾辞 -i ではさむと「〜を研究する」という他動詞になる

注意：ajar の memper-i 形は、ber- が bel となったのと同様に、mempel-i となることに注意。

Pelajaran 19

Kami ingat hari ulang tahunnya.

私たちは彼女の誕生日を覚えています。

「覚える」「思い出す」という自動詞

Monumen itu untuk memperingati jasa pahlawan kami.

接頭辞 memper- と接尾辞 -i ではさむと
「〜を記念する」という他動詞になる

あのモニュメントは私たちの英雄の功績を記念する
ためのものです。

(単語) baik [バイック] 良い　　memperbaiki [ムムプルバイキ] 修理する
　　　belajar [ブらジャル] 勉強する
　　　mempelajari [ムムプらジャリ] 研究する (mempel-+ajar+-i)
　　　monumen [モヌゥメン] 記念碑
　　　memperingati [ムムプりんガティ] 〜を記念する (memper-+ingat+-i)
　　　jasa [ジャサ] 功績　　pahlawan [パハらワン] 英雄

インドネシアの大都市の悩みは交通渋滞。近距離移動にも関わらず自動車を利用したばかりに、どれくらい時間がかかるか予測不能に陥ることはしばしば

便利なコモノ　karena [カルナ]

　karena は「〜ゆえに」「〜なので」という意味の接続詞。理由を伝える時に伝えます。Risa tidak datang hari ini karena sakit perut.「リサは腹痛のため、今日は来ません」、Dia makan banyak karena enak.「おいしいので、彼はたくさん食べました」のように使います。

(単語) karena 〜ゆえに、〜なので
　　　sakit perut [サキット プゥルット] 腹痛 (sakit 痛い　perut おなか)

113

Percakapan 会話

Ichiro: Saya mau memperbarui SIM, Pak.

Petugas: Sekarang Bapak membawa paspor?

Ichiro: Ya, ini paspor saya.

Petugas: Masa berlaku VISA Bapak akan berakhir pada tanggal 21 Maret yang akan datang.
Bapak perlu memperpanjang VISA dulu di kantor imigrasi.

Ichiro: O, ya?

Petugas: Kalau tidak, Bapak tidak bisa memperbarui SIM.

Pelajaran 19

一郎：　私は運転免許証を更新したいのですが。
係員：　今、あなたはパスポートをお持ちですか？
一郎：　はい、これは私のパスポートです。
係員：　あなたのビザの有効期間は3月21日で終わります。
　　　　あなたは先に入国管理局でビザを延長する必要があります。
一郎：　あ、そうですか？
係員：　そうでなければ、あなたは運転免許証を更新できません。

単語　memperbarui ［ムムプルバルゥイ］ 更新する（memper-+baru 新しい+-i）
SIM ［スィム］（Surat Izin Mengemudi ［スラット イズィン ムングムゥディ］の略）運転免許証
（izin 免許　mengemudi 運転する）
petugas ［プトゥガス］ 担当者、係員（pe-+tugas 任務）
membawa ［ムムバワ］ 持つ（mem-+bawa 持つ）　　paspor ［パスポル］ パスポート
berlaku ［ブルらクゥ］ 発行する、有効になる　　　VISA ［フィサ］ ビザ
berakhir ［ブラックヒル］ 終わる、終了する（ber-+akhir 終了）
perlu ［プルるゥ］ 必要とする
memperpanjang ［ムムプルパンジャん］ 延長する（memper-+panjang 長い）
dulu ［ドゥるゥ］ 以前
kantor imigrasi ［カントル イミグラスィ］ 入国管理局（imigrasi 出入国管理局）

大洪水もジャカルタの悩みの1つ。この程度では
まだ水位が低いほう

Latihan　練習

（　）の単語に、memper-, memper-kan, memper-i のうち適切なものをつけて文章を完成させましょう。

(1) Bahasa Indonesia（satu）bangsa Indonesia.

_____

(2) Mahasiswa Jurusan Jepang（tunjuk）tari Jepang.

_____

(3) Mereka harus（dalam）tata bahasa Indonesia.

_____

(4) Pejalan kaki perlu（hati）tanda lalu lintas.

_____

(5) Saya（lihat）video kepada teman-teman.

_____

(6) Para mahasiswa（debat）berbagai hak anak-anak.

_____

(7) AC di kamarku rusak. Saya harus memanggil tukang untuk（baik）nya.

_____

(8) Ibu saya mau（luas）halaman rumah kami.

_____

(9) Para pahlawan（juang）untuk kemerdekaan Indonesia.

_____

(10) Kami（bincang）kenaikan pajak pendapatan.

_____

116

Pelajaran 19

単語
bangsa［バンサ］国民　　mahasiswa［マハスィスワ］大学生
jurusan［ジュゥルゥサン］学科　　tari Jepang［タリ ジュパン］日本舞踊（tari 舞踊）
tata bahasa［タタ バハサ］文法
pejalan kaki［プジャラン カキ］歩行者（pe-+jalan kaki 足）　　hati［ハティ］心
tanda lalu lintas［タンダ ラルゥ リンタス］交通標識（tanda 標識　lalu lintas 交通）
lihat［リハット］見る　　video［フィデオ］ビデオ　　berbagai［ブルバガイ］いろいろな
hak［ハック］権利　　AC［アーセー］（air conditioner の略）エアコン
kamarku［カマルクゥ］私の部屋（kamar+aku）　　rusak［ルゥサック］故障した
memanggil［ムマンギる］呼ぶ　　halaman［ハラマン］庭　　juang［ジュゥアン］戦う
kemerdekaan［クムルデカアン］独立　　bincang［ビンチャン］話し合う
kenaikan［クナイカン］引き上げ
pajak pendapatan［パジャック プンダパタン］所得税（pajak 税　pendapatan 所得）

大都市の空港は、国際線、国内線とも利用客で混雑

Pelajaran 20

日本からの客は、私が空港で出迎えます

Tamu dari Jepang saya jemput di bandara.
タムゥ　ダリ　ジュパん　サヤ　ジュムブゥット ディ バンダラ
　　　　　　日本からの客は私が空港で出迎えます。

Kamus bahasa Indonesia-Jepang perlu kamu beli.
カムゥス　バハサ　インドネスィア ジュパん　プルるゥ カムゥ　ブリ
　　　　　　インドネシア語―日本語辞書は君が買う必要があります。

Mobil saya dicuci oleh sopir tadi pagi.
モビる　サヤ　ディチュゥチ オれヘ ソピル タディ パギ
　　　　　　私の車は運転手が今朝洗車しました。

[単語]　jemput 迎える　　bandara 空港　　kamus 辞書　　dicuci 洗う

§1　受動態

　主語に焦点をあてた能動態に対し、受動態は行為の対象となる目的語に焦点をあてた表現形式です。日本語では日常的に馴染みが薄いものですが、インドネシア語ではよく使われる表現形式です。

§2　受動態の文型

　受動態の文章を考える上で大事なことは、主語が何人称であるかを見極めることです。主語は単数か複数かを問いません。主語の人称により、受動態の文型が大きく2系統に分けられます。

§3　主語が1人称、または2人称の場合

(1)　基本文型

　　　目的語→主語→動詞→（場所、時を表す語など）

上の文型にあてはめて例を考えてみましょう。

Saya menjemput tamu dari Jepang di bandara.

私は日本からの客を空港で出迎えます。

受動態に書き換えると

Tamu dari Jepang saya jemput di bandara.
目的語　　　　　　　主語　動詞　　　場所

動詞は接頭辞 me- がつかない形で使うことに注意！

日本からの客は私が空港で出迎えます。

(2) 応用文型１

目的語→助動詞→主語→動詞→（場所、時を表す語）

Saya sudah menjemput tamu dari Jepang di bandara tadi sore.

私は夕方、日本からの客を空港で出迎えました。

受動態に書き換えると

Tamu dari Jepang sudah saya jemput di bandara tadi sore.
　　　　　　　　　　助動詞　主語　動詞

日本からの客は、夕方私が空港で出迎えました。

従来の文型を基本に考えると、助動詞と動詞と分離するので違和感がありますが、語順を間違えないように！

(3) 応用文型２

目的語→否定詞→主語→動詞→（場所、時を表す語）

Saya tidak menjemput tamu dari Jepang di bandara tadi sore.

私は夕方、日本からの客を空港で出迎えませんでした。

受動態に書き換えると

Tamu dari Jepang tidak saya jemput di bandara tadi sore.
　　　　　　　　　　否定詞　主語　動詞

日本からの客は、夕方私が空港で出迎えませんでした。

否定詞が目的語の直後に置かれ、主語　動詞の順になることに注意！

まとめ

主語が１人称、または２人称の場合、動詞には接頭辞 me- を使いません。ただし、接尾辞を伴う派生語の場合は、-kan や -i はそのまま残して使います。目的語と主語の間には、助動詞、または否定詞以外の語は挿入できません。

単語　menjemput［ムンジュゥムプゥット］迎える

§4　1人称、2人称の特殊な例　⑭⑧

主語が aku（僕）、engkau（君）の場合は、受動態の動詞の形に注意が必要です。

⑴　aku の場合の文型

目的語→主語→ ku- ＋動詞→（場所、時を表す語）

Aku menjemput tamu dari Jepang di bandara.
　　　　　　　　　　　僕は日本からの客を空港で出迎えます。

受動態に書き換えると
Tamu dari Jepang kujemput di bandara.
　　　　　　　　　　　日本からの客は、僕が空港で出迎えます。

aku は ku- に変化し、接頭辞 me- をとった動詞の先頭にくっつくことが特徴！

⑵　engkau の場合の文型

目的語→主語→ kau- ＋動詞→（場所、時を表す語）

Engkau menjemput tamu dari Jepang di bandara.
　　　　　　　　　　　君は日本からの客を空港で出迎えます。

受動態に書き換えると
Tamu dari Jepang kaujemput di bandara.
　　　　　　　　　　　日本からの客は、君が空港で出迎えます。

engkau は kau- に変化し、接頭辞 me- をとった動詞の先頭にくっつくことが特徴！

まとめ

aku は ku-、engkau は kau- と形を変えて、動詞の先頭につけて一語になります。

単語　kujemput ［クゥジュムプットゥ］僕が迎える　　kaujemput ［カウジュムプットゥ］君が迎える

§5　主語が3人称の場合　⑭⑨

⑴　基本文型

目的語→ di- ＋動詞→ oleh →主語→（場所、時を表す語）

上の文型にあてはめて例を考えてみましょう。

Sopir saya mencuci mobil saya.　　私の運転手は、私の車を洗います。

受動態に書き換えると

Mobil saya dicuci oleh sopir saya.　　私の車は、私の運転手が洗います。
目的語　　　di- ＋動詞　　　主語
接頭辞 me- が di- に変わるのが特徴！

120

Pelajaran 20

(2) 応用文型 1

目的語→助動詞→ di- + 動詞→ oleh →主語→（場所、時を表す語など）

Sopir saya sudah mencuci mobil saya tadi pagi.
　　　　　　　　　　　　　私の運転手は、今朝（もう）私の車を洗いました。

受動態に書き換えると
Mobil saya sudah dicuci oleh sopir tadi pagi.
助動詞は動詞の受動態形と分離せず、助動詞→動詞の受動態形の語順
　　　　　　　　　　　　　私の車は、今朝（もう）（私の）運転手が洗いました。

(3) 応用文型 2

目的語→否定詞→ di- + 動詞→ oleh →主語→（場所、時を表す語など）

Sopir saya tidak mencuci mobil saya tadi malam.
　　　　　　　　　　　　　運転手は、夕べ私の車を洗いませんでした。

受動態に書き換えると
Mobil saya tidak dicuci oleh sopir tadi malam.
　　　　否定詞は動詞の受動態形と分離せず、否定詞→動詞の受動態形の語順
　　　　　　　　　　　　　私の車は、夕べ運転手が洗いませんでした。

(4) 応用文型 3

目的語→ di- + 動詞→ oleh + -nya →（場所、時を表す語など）

Dia mencuci mobil saya.　　　彼は私の車を洗います。

受動態に書き換えると
Mobil saya dicuci olehnya.　　私の車は、彼が洗いました。
Mobil saya dicucinya.

　主語が dia の場合は、-nya と形を変えて前置詞 oleh の後ろにくっついて一語になります。また、oleh を省略する場合には -nya は動詞の後ろにくっつきます。

まとめ

　主語が3人称の場合、動詞には接頭辞 me- を使わず di- を使います。また、行為者（主語）の前には前置詞 oleh を用います。なお、動詞の直後に続いて行為者が来る場合は、oleh を省略することも可能です。

単語　mencuci［ムンチュッチ］洗う　　olehnya［オレヘニャ］（彼／彼女）によって）
　　　dicucinya［ディチュッチニャ］（彼／彼女が）〜を洗う）

121

§6　接尾辞を伴う動詞を使った受動態

150

動詞が me-kan、あるいは me-i の場合、それらの受動態は me- を使わないか（主語が1人称、または2人称の場合）、または、me- を di- に変え（主語が3人称の場合）、接尾辞の -kan や -i はそのまま使います。例を見ながら考えましょう。

Saya membersihkan kamar tidur.　　私は寝室を掃除します。

受動態に書き換えると

Kamar tidur saya bersihkan.　寝室は私が掃除します。

← 接頭辞 me- のみ外れ、接尾辞は残るのが特徴！

Mereka belum menyelesaikan masalah itu.
　　　　　　　　　　　彼らはまだその問題を解決していません。

受動態に書き換えると

Masalah itu belum diselesaikan oleh mereka.
　　　　　　　　　　　その問題は、まだ彼らが解決していません。

応用例

151

目的語を2つとる動詞の受動態は次のようになります。

(1)　**Ibu membeli baju baru untuk adik saya.**
　　　　　　　　　　　母は妹のために新しい服を買いました。
　　Baju baru dibeli oleh ibu untuk adik saya.
　　　　　　　　　　　新しい服を母は妹に買ってあげます。

(2)　**Ibu membelikan adik saya baju baru.**
　　　　　　　　　　　母は妹に新しい服を買ってあげます。
　　a) **Adik saya dibelikan ibu baju baru.**
　　b) **Adik saya dibelikan baju baru oleh ibu.**
　　　　　　　　　　　妹は母に新しい服を買ってもらいます。

どちらも同じ意味ですが、a) のように動詞の直後に行為をする主語が来る場合、oleh を省略することが可能です。しかし、b) のように、動詞の直後に行為者ではなく物が来るようなケースでは、行為者が動詞から離れてしまいますので、その場合は行為者の前に必ず oleh を使う必要があります。

単語　membersihkan［ムムブルスィヒカン］掃除する　　kamar tidur［カマル　ティドゥル］寝室
　　bersihkan［ブルスィヒカン］掃除する　　menyelesaikan［ムニュルサイカン］終える
　　diselesaikan［ディスルサイカン］終える（menyelesaikan の受動態形）baju［バジュゥ］服
　　baru［バルゥ］新しい　　dibeli［ディブリ］買う（membeli の受動態形）
　　dibelikan［ディブリカン］買ってあげる（membelikan の受動態形）

Pelajaran 20

会話　Percakapan

Ichiro: Ibu Risa, contoh produk kami sudah dikirim oleh Pak Sunardi?

Risa: Belum, Bapak.
Soalnya hari ini kantor pos sudah tutup.

Ichiro: Besok bisa dikirim?

Risa: Ya, contoh produk kami sudah saya titipkan kepada Pak Sunardi.

Ichiro: Baik.

Risa: Bapak sudah menerima surat keputusan dari kantor pusat?

Ichiro: Ya, surat itu sudah saya terima kemarin sore.

一郎：　リサさん、スナルディさんは我々の製品見本をもう発送しましたか？
リサ：　まだです。というのは、今日はもう郵便局が閉まりましたので。
一郎：　明日、発送できますか？
リサ：　はい、私たちの製品見本は、もう私がスナルディさんに預けました。
一郎：　わかりました。
リサ：　あなたは本社からの決定書を受け取りましたか？
一郎：　はい、その書類は昨日の夕方、受け取りました。

単語　contoh produk［チョントホ　プロドゥック］製品見本　　dikirim［ディキリム］送る
kantor pos［カントル　ポス］郵便局（pos 郵便）　　soalnya［ソアるニャ］というのは
tutup［トゥトゥップ］閉店する　　titipkan［ティティップカン］預ける
menerima［ムヌリマ］受け取る（me-+terima［トゥリマ］受け取る）
surat keputusan［スラット　クプトゥサン］決定書（keputusan［クプトゥサン］決定）
kantor pusat［カントル　プサット］本社（pusat 中心、中央）

Latihan　練習

1　次の能動態文を受動態文に書き換えましょう。　(153)

(1) Kita membayar biaya sekolah.

_____

(2) Kucing itu makan ikan goreng di atas meja.

_____

(3) Aku tidak mau membeli mobil mewah.

_____

(4) Dia memanggil Handoyo.

_____

(5) Ibu saya membuat kue nastar hari ini.

_____

単語 membayar［ムムバヤル］支払う（mem-+bayar 支払う）　　biaya［ビアヤ］費用
kucing［クッチン］猫　　mewah［メワハ］豪華な、贅沢な
memanggil［ムマンギる］呼ぶ　　membuat［ムムブアット］作る　　kue［クゥエ］お菓子
nastar［ナスタル］パイナップルクッキー

便利なコモノ　selain［スらイン］

　selain は「～の他に」という意味の前置詞。Selain ini masih ada yang lain?「この他に、まだ別のがありますか？」、Selain deman, gejalanya apa?「熱の他は症状は何ですか？」のように使います。

単語 selain ～の他に　　lain［らイン］別の　　gejala［グジャら］症状

Pelajaran 20

2　次の受動態文を能動態文に書き換えましょう。

(1) Kamar mandi sudah dibersihkan oleh Tina.

___

(2) Saya ditelepon Risa tadi malam.

___

(3) Berita gembira itu sudah kaudengar.

___

(4) Pasien itu belum diobati dokter.

___

(5) Sepeda motor saya sudah diperbaiki oleh kakak laki-laki saya.

___

【単語】 kamar mandi［カマル　マンディ］浴室（mandi 水浴びをする、入浴する）
　　　　tadi malam［タディ　マらム］昨日の晩　　berita［ブリタ］ニュース
　　　　gembira［グムビラ］うれしい　　diobati［ディオバティ］治療する（mengobati の受動態形）
　　　　dokter［ドクトゥル］医者　　diperbaiki［ディプルバイキ］修理する（memperbaiki の受動態形）

バリ島クサンバの海で海水から塩をつくる職人

Pelajaran 21

私は新しいパソコンを買いたいです

Saya ingin membeli PC yang baru.
サヤ　インギン　ムンブリ　ピースィー　ヤン　バルゥ
　　　　　　　　　　私は新しいパソコンを買いたいです。

PC yang saya cari mahal sekali.
ピースィー　ヤン　サヤ　チャリ　マハる　スカリ
　　　　　　　　　　私が探しているパソコンはとても高価です。

Perangkat lunak versi terbaru yang dibelinya tidak begitu
プランカット　るゥナック　フェルスィ　トゥルバルゥ　ヤン　ディブリニャ　ティダック　ブギトゥ
mahal.　　　　彼が買った最新バージョンのソフトはそれほど高価では
マハる　　　　　　ありません。

[単語] perangkat lunak ソフトウェア　　versi バージョン
　　　terbaru 最新の（ter-+baru 新しい）

§1　関係詞 yang [ヤン]

英語の関係代名詞と同じような使われ方をする単語がインドネシア語にもあります。ここでは yang という単語の用法について学びます。

§2　名詞＋yang＋形容詞

すでに学習した名詞＋形容詞の語順でも、十分に名詞の様子や状態を表現することが可能です。下の例文を参考に復習しましょう。

　その1　名詞＋形容詞のパターン

　　Saya mau PC murah.　　　　私は安いパソコンが欲しいです。

　　Kamu mau PC mahal.　　　　君は高価なパソコンが欲しいです。

　　Dia mau PC baru.　　　　　彼は新しいパソコンが欲しいです。

　　Mereka mau PC bekas.　　　彼らは中古のパソコンが欲しいです。

Pelajaran 21

その2　名詞＋yang＋形容詞のパターン

上のパターンに関係詞 yang を加えると形容詞が強調されます。しかし、日本語に訳す場合は、yang の有る無しにより明確に訳に違いを表現することが難しい yang の用法とも言えます。

Saya mau *printer* yang* murah.　　私は安いプリンターが欲しいです。

Kamu mau *printer* yang* mahal.　　君は高いプリンターが欲しいです。

Dia mau *printer* yang* baru.　　彼は新しいプリンターが欲しいです。

Mereka mau *printer* yang* bekas.
　　　　　　　　　　　　彼らは中古のプリンターが欲しいです。

＊yang の存在はあまり気にしなくてよいパターン。

その3　名詞＋yang＋形容詞のパターン

同じく名詞と形容詞の組み合わせでも、yang があるかないかによって意味が全く違うものがあります。そのような場合は、意味に応じて yang を使う、使わないを判断しなければなりません。

Orang tua saya tinggal di Surabaya.
　　　「両親」という意味　　　　私の両親はスラバヤに住んでいます。

Orang yang tua itu tinggal di Surabaya.
　　　　　「年老いた人」「老人」と　あの老人はスラバヤに住んでいます。
　　　　　いう意味

Tukang kayu memakai batu merah itu.
　　　　　　　　　　「レンガ」という意味
　　　　　　　　　　大工はそのレンガを使います。

Tukang kayu memakai batu yang merah itu.
　　　　　　　　　　　「赤い石」という意味
　　　　　　　　　　　大工はその赤い石を使います。

Kadang-kadang kami melihat orang asing itu di mal.
　　　　　　　　　　　　　　「外国人」という意味
　　　　　　　　　　　　　　時々、私たちはモールであの外国人を見かけます。

Kadang-kadang kami melihat orang yang asing di kantor kami.
　　　　　　　　　　　　　　　　「見慣れない人」「部外者」という意味
　　　　　　　　　　　　　　　　時々、私たちは私たちのオフィスで部外者を見かけます。

> §1と§2のまとめ

1　§2　その1とその2であげた例文の違いは、名詞と形容詞の間にyangを用いるか用いないかです。yangを用いた方が、その後ろにある形容詞が強調されると考えられます。日本語の訳で両者の差や違いを明確に表現するのは難しいと考えます。

2　§2　その3の例文は、それぞれ2つの文章の前者にはyangを用いない、後者にはyangを用いたパターンです。先の2つの例と同様にyangの有る無しだけの違いですが、yangの有る無しにより意味がまったく異なる例ですので、注意が必要です。

単語　bekas［ブカス］中古の　　*printer*［プリントゥル］プリンター
　　　　tukang kayu［トゥカン　カユゥ］大工（tukang 職人　kayu 木材）
　　　　batu merah［バトゥ　メラハ］レンガ（batu 石　merah 赤い）
　　　　kadang-kadang［カダン　カダン］時々
　　　　orang asing［オラン　アスィん］外国人（asing 外国の、外部の、見慣れない）
　　　　asing［アスィん］馴染みのない

§3　名詞＋yang＋複数の形容詞のパターン

(157)

名詞を修飾するために複数の形容詞を用いる場合は、名詞と最初の形容詞の間にyangを使います。このパターンではyangを省略できません。

yangに2つの形容詞が後続する場合

Saya mencari kamera digital yang baru dan murah.
　　　　　　　　　　　　　　　　　「新しい」　「安い」
　　　　　　　　　　　　私は新しくて安いデジカメを探しています。

Teman saya membeli kamera digital yang kecil dan murah.
　　　　　　　　　　　　　　　　　　　　「小さい」「安い」
　　　　　　　　　　　　私の友達は、小さくて安いデジカメを買いました。

yangに3つ以上の形容詞が後続する場合

このような場合は、「〜と」にあたるdanは、最後から2番目と最後の形容詞の間に用い、それ以前の形容詞は「,」で区切ります。

Istri saya masak masakan yang murah, enak, dan sehat.
　　　　　　　　　　　　　　　　　「安い」　「おいしい」「健康な」
　　　　　　　　　　　　私の妻は、安くておいしく健康的な料理を作ります。

128

Pelajaran 21

Kita tidak boleh makan makanan yang terlalu pedas, asin, dan tidak segar.
　　　　　　　　　　　　　　　　「辛すぎる」　「塩辛い」　「新鮮ではない」
　　　　　　　　　　　　　私たちは辛過ぎたり、塩辛かったり、新鮮ではない
　　　　　　　　　　　　　食べ物を食べてはいけません。

§3のまとめ

1　yangの後ろに2つの形容詞を用いる場合、形容詞はdan「〜と」でつなぎます。

2　yangの後ろに3つ以上の形容詞を用いる場合、それぞれの形容詞はコンマ「,」で区切り、最後から2番目と最後の形容詞の間にのみdanを用いるのが一般的です。すべての形容詞をdanでつないでも大きな間違いではありませんが、幼稚な言葉遣いという印象があります。

3　形容詞を複数個用いる場合は、名詞と一番目の形容詞の間には必ずyangが必要です。それは、どの形容詞が名詞をどのように修飾するのかが明確でなければならないからです。

単語　kamera digital ［カメラ　ディジィタる］デジタルカメラ
　　　sehat ［セハット］健康にいい、健康的な　　terlalu ［トゥルらるゥ］〜すぎる
　　　segar ［スガル］新鮮な

§4　疑問詞の一部としてのyang
yang mana 「どちら」

Yang mana lebih pedas, kare Indonesia atau kare Jepang?
　　　　　　　　　　インドネシアのカレーと日本のカレーとでは、どちらがより辛いですか？

Yang mana paling enak, soto ayam, soto daging, atau sop buntut?
　　　　　　　　　　チキンスープ、ビーフスープ、あるいは牛テールスープでは、どれがいちばんおいしいですか？

Yang mana Anda suka, masakan Jawa atau masakan Bali?
　　　　　　　　　　ジャワ料理とバリ料理では、あなたはどちらが好きですか？

> §4のまとめ

1　mana は「どこ」という意味で、場所をたずねる時に用いられますが、yang と組み合わて、「どれ」「どちら」という疑問詞として使います。

2　「または」は atau を使い、「A または B」は A atau B と表現します。

単語　soto［ソト］ソト（インドネシア風スープ）　　buntut［ブゥントゥット］尻尾

§5　関係代名詞的用法の yang
(159)

先行詞を修飾するために用いる yang です。英語のように先行詞によって細かな関係代名詞の使い分けがありません。おおむね yang を使います。

Tempat *iPad* yang saya pakai ini kuat.
　　　　　　　　　　私が使っているこの iPad のケースは丈夫です。

***Smartphone* yang kamu beli di mal itu mahal sekali.**
　　　　　　　　　　君がモールで買ったそのスマートフォンはとても高価です。

HP yang dipakainya murah.　彼が使っている携帯電話は安いです。

Wanita yang berdiri di depan pintu itu adalah atasan saya.
　　　　　　　　　　そのドアの前に立っている女性は私の上司です。

Gunung Jaya Wijaya adalah gunung yang paling tinggi di Indonesia.
　　　　　　　　　　ジャヤ・ウィジャヤ山はインドネシアで最も高い山です。

Danau yang terbesar di Jepang adalah danau Biwa.
　　　　　　　　　　日本で最も大きな湖は琵琶湖です。

> §5のまとめ

1　最初の例文では、下線部分が yang の前の名詞を修飾していますので、必ず yang を用いなければなりません。

2　下の例文のような2つの文章を1つの文章にする場合に yang を用います。その場合、名詞を修飾する yang 以降には受動態の構文を用います。
　a)　**Saya memakai tempat *iPad*.**
　b)　**Tempat *iPad* ini kuat.**

130

Pelajaran 21

これらを1つの文章にすると、

c) **Tempat *iPad* yang <u>saya pakai</u> ini kuat.**

となります。

3　Wanita <u>yang berdiri di depan pintu itu</u> adalah atasan saya. のように、一般的に主語（主部）が長い場合には adalah を用いて語調を整えます。また adalah は「〜である」という意味で、主語（主部）が短い場合でも用いることがありますが、その場合は主語を引き立たせる強調の役割があります。

【単語】tempat *iPad*［トゥムパット　アイパッド］iPad のケース（tempat 場所、入れ物）
　　　　kuat［クゥアット］強い、丈夫な　　*smartphone*［スマルトゥフォン］スマートフォン
　　　　berdiri［ブルディリ］立つ（ber-+diri（自己）立つ）　　atasan［アタサン］上司
　　　　adalah［アダらハ］〜である
　　　　Gunung Jaya Wijaya［グヌゥん　ジャヤ　ウィジャヤ］ジャヤ・ウィジャヤ山（パプアにあるインドネシア最高峰）　　tinggi［ティンギ］高い　　danau［ダナゥゥ］湖

§6　限定の役割の yang
「〜のほう」

Mereka suka teh yang manis.　　彼女たちは甘いお茶が好きです。
Mereka suka yang manis.　　　　彼女たちは甘いほうが好きです。

Mau yang mana?　　どれが欲しいですか？
Yang itu.　　　　　そっちのほうです。

§6のまとめ

会話では必要な部分や事柄だけを答えることが多く、その場合 Yang 〜 . という答え方が一般的です。Yang itu.「そっちのほう」、Yang manis.「甘いほう」という使い方をします。

便利なコモノ　kecuali［クチュゥアリ］

kecuali は「〜を除いて」という意味の前置詞。Semua orang pergi kecuali saya dan adik perempuan saya.「私と妹を除いて、全員でかけました」、Saya bisa makan apa saja kecuali durian.「ドリアンを除いて、私は何でも食べられます」のように使います。

【単語】kecuali 〜を除いて　　apa saja［アパ　サジャ］何でも

131

Percakapan　会話

Ichiro: Ibu pesan masakan di mana?

Risa: Saya pesan di warung itu.
Masakan warung itu tidak mengandung daging babi.

Ichiro: O ya, Ibu harus memilih masakan yang tidak mengandung daging babi, ya.

Risa: Ya, cari yang halal, Bapak.

一郎：　あなたはどこで料理を注文しましたか？

リサ：　私はあの屋台で注文しました。

あの屋台の料理は豚肉を含んでいません。

一郎：　あ、そうか、あなたは豚肉を含まない料理を選ばなければなりませんね。

リサ：　はい、ハラールなのものを探します。

単語 mengandung ［ムンガンドゥン］ 含む　　memilih ［ムミリヒ］ 選ぶ
halal ［ハラル］ ハラール、許可されている

Pelajaran 21

Latihan　練習

1　次の日本語を yang を用いてインドネシア語に訳してみましょう。　162

(1)　赤い靴

(2)　白い花

(3)　黒いスーツ

(4)　黄色いTシャツ

(5)　大きな家

(6)　新しいバイク

(7)　厚い辞書

(8)　重たい鞄

(9)　古いCD

(10)　熱いお茶

(11)　広くて豪華なホテルの部屋

(12)　安くておいしいラーメン

(13)　きれいで香りがよい花

133

⒁ 背が高くて太っている男性

_____

⒂ 背が低くて痩せている女性

_____

⒃ 健康で丈夫な体

_____

⒄ 賢くてまじめな子ども

_____

⒅ 清潔で明るい浴室

_____

⒆ 新鮮で甘いスイカ

_____

⒇ 辛くて塩辛い料理

_____

ヒント
太っている gemuk ［グムゥック］   痩せている kurus ［クゥルゥス］   健康な sehat ［セハット］
丈夫な kuat ［クゥアット］   賢い pintar ［ピンタル］   まじめな rajin ［ラジィン］
明るい terang ［トゥラん］   新鮮な segar ［スガル］   スイカ semangka ［スマンカ］

Pelajaran 21

2 次の文章をインドネシア語に訳しましょう。

(1) あのかわいい女の子は頭がよい。
　　_____

(2) あの金持ちの男性は高慢だ。
　　_____

(3) この古い家は暗くて清潔ではない。
　　_____

(4) あの長い髪をしている女性はいつも忙しい。
　　_____

(5) 彼が買ったドイツ製の車は高くて豪華だ。
　　_____

(6) この母が買った漬け物は酸っぱくて辛い。
　　_____

(7) このまだ熟していないバナナは渋い。
　　_____

(8) 日本車とドイツ車では、どちらが安いですか？
　　_____

(9) 私は便利な方を選びます。
　　_____

(10) あの大きくて白い犬は私の犬です。
　　_____

ヒント

かわいい、美しい cantik [チャンティック]　　金持ちの、豊かな kaya [カヤ]
高慢な sombong [ソムボン]、angkuh [アンクッフ]　　暗い gelap [グラップ]
髪の毛 rambut [ラムブット]　　忙しい sibuk [スィブゥック]
ドイツ(製の)車 mobil (butan) Jerman [モビる (ブゥタン) ジェルマン]
豪華な、贅沢な mewah [メワハ]　　酸っぱい asam [アサム]
熟した matang [マタン]、masak [マサック]　　バナナ pisang [ピサン]　　渋い sepat [スパット]

135

③ 次の文章を日本語に訳しましょう。

(1) Tas buatan Prancis yang saya beli di Paris ini bagus dan kuat.

(2) Dasi yang Bapak pakai sekarang coraknya bagus.

(3) *Sashimi* yang segar itu enak sekali.

(4) Nama pisang yang pendek itu adalah pisang susu.

(5) Es teh yang kupesan tadi belum diantar.

(6) Roti yang dipanggang ibu saya enak.

(7) Lauk-pauk yang tidak disimpan di kulkas cepat rusak.

(8) Peralatan elektronik buatan Jepang yang mahal itu kuat dan tahan lama.

(9) Yang mana Anda suka, nanas atau alpokat?

(10) Mau ambil yang mana, ini atau itu?

(11) Sate kambing yang kami makan di warung kemarin kurang enak.

(12) Anda mau naik yang mana, kereta JR atau kereta bawah tanah?

(13) Baju yang dicuci penatu itu kurang bersih.

(14) Pohon yang di belakang rumah kami tinggi sekali.

Pelajaran 21

(15) Sekali berbuah, pohon pisang tidak dapat berbuah lagi.

(16) Acara televisi yang kurang sehat itu sebaiknya tidak kita tonton.

(17) Jembatan yang tinggi dan panjang itu dibuat oleh perusahaan Jepang.

(18) Universitas mana yang paling terkenal di Indonesia?

(19) Rumah sakit yang istimewa itu biayanya sangat mahal.

(20) Padi yang baru ditanam itu berwarna hijau, sedangkan yang sudah mau dipanen berwarna kuning.

単語 buatan Prancis [ブアタン プランチス] フランス製の (buatan ～製の　Prancis フランス)
coraknya [チョラックニャ] その模様 (corak 模様)　　sashimi [サスィミ] 刺身
pisang susu [ピサン スゥスゥ] ピサン・スス (バナナの種類名　susu ミルク)　es [エス] 氷
kupesan [クプサン] 僕が注文する ((a)ku+pesan 注文する)　　diantar [ディアンタル] 配達される
(antar 配達する、mengantar の受動態形)　　dipanggang [ディパンガン] 焼かれる、ローストされる
(panggang 焼く、ローストする、memanggang の受動態形)　　roti [ロティ] パン
lauk-pauk [ラウック パウゥック] 副菜、おかず　　disimpan [ディスィムパ] 保存される
(simpang 保持する、menyimpan の受動態形)　　kulkas [クゥるカス] 冷蔵庫
cepat [チュパット] はやく　　rusak [ルゥサック] 壊れる、いたむ
peralatan elektronik [プラらタン エれクトロニック] 電子機器 (peralatan 装置　elektronik 電子)
tahan [タハン] 耐久性のある　　sate kambing [サテ カムビン] ヤギ肉の串焼き
(sate 東南アジアの串焼き料理　kambing ヤギ)　　kereta [クレタ] 列車
kereta bawah tanah [クレタ バワハ タナハ] 地下鉄 (bawah 下　tanah 土、土壌)
dicuci [ディチュウチ] 洗濯された (di-+cuci 洗濯する、mencuci の受動態形)　penatu [プナトゥ]
洗濯屋　　berbuah [ブルブアハ] 実を結ぶ、実がなる　　acara televisi [アチャラ テれフィスィ]
テレビ番組 (acara 番組、予定、イベント)　　sehat [セハット] 健全な　　sebaiknya [スバイックニャ]
～たほうがよい　　tonton [トントン] 観る　　terkenal [トゥルクナる] 有名な
istimewa [イスティメワ] 特別な、スペシャルな　　biayanya [ビアヤニャ] 費用、経費　　baru [バルゥ]
～したばかり　　ditanam [ディタナム] 植えられた (di-+tanam 植える、menanam の受動態形)
berwarna [ブルワルナ] ～色がついている、～色をしている (ber-+warna 色)　　hijau [ヒジャウゥ]
緑色の　　sedangkan [スダンカン] 一方　　dipanen [ディパネン] 収穫される (di-+panen 収穫、
memanen の受動態形)　　kuning [クゥニン] 黄色い

137

Pelajaran 22

その重要書類は彼らにうっかり持っていかれてしまいました

Dokumen penting itu terbawa oleh mereka.
ドクュメン　プンティン　イトゥ トゥルバワ オレヘ　ムレカ

その重要書類は彼らにうっかり持っていかれてしまいました。

Aturan pakai mesin ini tertulis dalam bahasa Inggris.
アトゥラン　パカイ　ムスィン　イニ トゥルトゥリス ダらム　バハサ　イングリス

この機械の使用法は英語で書かれています。

Masakan pedas itu tidak termakan.
マサカン　　プダス　イトゥ ティダック トゥルマカン

その辛い料理は食べられません。

Ibu guru selalu tersenyum.
イブゥ グゥルゥ スらるゥ トゥルスニュゥム

先生はいつもほほえんでいます。

[単語] dokumen 文書、書類　　penting 重要な　　terbawa つい持っていかれる
aturan pakai 使用法、扱い方（atur 整える、規制する+-an）
tertulis 書かれている（ter-+tulis）　　termakan 食べられる（ter-+makan）
tersenyum ほほえむ（ter-+senyum ほほえむ）

§1　接頭辞 ter- [トゥル] を用いた表現

　すでに学習したとおり、接頭辞 ter- は形容詞と組み合わせて使えば、形容詞の最上級を作る役割を持ちます。ここでは接頭辞 ter- と動詞の組み合わせによる派生語を学びます。

138

Pelajaran 22

§2 「ついつい」「うっかり」の意味の ter-

接頭辞 ter- ＋動詞では、動詞が意味する動作を「ついつい」「うっかり」やるという意味の派生語を作ることができます。下の例文を参考に考えてみましょう。

Dokumen penting itu terbawa oleh mereka.

bawa は「持つ」「運ぶ」という意味。
ter- がつくと「ついつい持っていく」
「うっかり持っていく」という意味

その重要書類は彼らにうっかり持っていかれてしまいました。

Tukang kebun terjatuh dari pohon itu.

jatuh は「落ちる」「転ぶ」という意味。ter- がつくと「うっかり落ちる」「うっかり転ぶ」という意味

庭師はその木から落ちてしまいました。

Tadi pagi saya tertidur di kereta listrik.

tidur は「寝る」という意味。ter- がつくと「うっかり寝る」「ついつい寝てしまう」という意味

今朝、私は電車で居眠りをしてしまいました。

§2のまとめ

1　上の例文の接頭辞 ter- ＋動詞では、接頭辞 ter- は「無意識」の意味を持たせる役割を果たします。

2　1つめの例文のように、「持っていかれる」という用例では、動作をする人が故意、あるいは意図的にその動作をしようとして行った受動態とは違い、「うっかり」やってしまう表現です。

比較

Dokumen penting itu terbawa oleh mereka.

「うっかり」持っていかれる

Dokumen penting itu dibawa oleh mereka.

「持っていかれる」

3　1つめの例文のような場合、oleh の後ろにはあらゆる人称の動作主を置くことができます。

すでに学習した動作に焦点をあてた受動態表現では、動作主が3人称の場合は oleh を使うことができますが、1、2人称の場合は使えません

139

比較

「無意識」の動作

Dokumen penting itu terbawa oleh saya.
Dokumen penting itu terbawa oleh Anda.
Dokumen penting itu terbawa olehnya.

「動作に焦点をあてた」受動態

Dokumen penting itu saya bawa.
Dokumen penting itu Anda bawa.
Dokumen penting itu dibawa olehnya.
Dokumen penting itu dibawanya.

4　接頭辞 ter- をつける語根の先頭文字が r、第一音節に -er が含まれている場合、ter- は te- と形を変えます。

[単語]　tertidur［トゥルティドゥゥル］うっかり寝る、ついつい寝てしまう
　　　kereta listrik［クレタ　リストゥリック］電車（kereta 列車　listrik 電気）

§3　「～された状態にある」「～されている」の意味の ter-

接頭辞 ter- ＋動詞では、「～された状態にある」「～されている」という意味の派生語を作ることができます。下の例文を参考に考えてみましょう。

Aturan pakai mesin ini tertulis dalam bahasa Inggris.

tulis は「書く」という意味。tertulis は「書かれている」という意味
　　　　　　　　　　　　　　　　この機械の使用法は英語で書かれています。

Makanan dan minuman tersedia di atas meja.

sedia は「用意する」という意味。tersedia は「用意されている」という意味
　　　　　　　　　　　　　　　食べ物と飲み物は机の上に用意されています。

Banyak kotak berisi air minum tersusun di situ.

susun は「積む」「重ねる」「編纂する」という意味。tersusun は「積まれている」「重ねられている」という意味
　　　　　　　　　　　　　　飲料水が入ったたくさんの箱がそこに積まれています。

Pelajaran 22

§3のまとめ

1　接頭辞 ter- ＋動詞では、接頭辞 ter- は「〜された状態にある」「〜されている」という意味を持たせる役割を果たします。

2　接頭辞 ter- ＋動詞は、類似表現として sudah di- ＋動詞に書き換えることができます。

Aturan pakai mesin ini sudah ditulis dalam bahasa Inggris.
Makanan dan minuman sudah disediakan di atas meja.
Banyak kotak berisi air minum sudah disusun di situ.

単語　tersedia［トゥルスディア］用意されている（ter-＋sedia 用意する）　　kotak［コタック］箱
　　　berisi［ブリスィ］中身がある　　air minum［アイル　ミヌゥム］飲料水（air 水）
　　　tersusun［トゥルスゥスゥン］積まれている（ter-＋susun 積む）

§4　「〜されうる」の意味の ter-

接頭辞 ter- ＋動詞では、接頭辞 ter- は「〜されうる」という意味の派生語を作ることができます。下の例文を参考に考えてみましょう。

Masakan pedas itu tidak termakan.
その辛い料理は食べられません。
makan は「食べる」という意味。
termakan は「食べられる」という意味

Dari pantai terdengar suara ombak.
海岸から波音が聞こえます。
dengar は「聞く」という意味。terdengar は「聞こえる」という意味

Dari sini Tokyo Sky Tree tidak terlihat.
ここから東京スカイツリーが見えません。
lihat は「見る」という意味。
terlihat は「見える」という意味

§4のまとめ

1　接頭辞 ter- ＋動詞では、接頭辞 ter- は「〜されうる」の意味を持たせる役割を果たします。

2　接頭辞 ter- ＋動詞は、類似表現として dapat di- ＋動詞（bisa di- ＋動詞）に書き換えることができます。

Masakan pedas itu tidak dapat dimakan.

141

Dari pantai <u>dapat didengar</u> suara ombak.
Dari sini Tokyo Sky Tree tidak <u>dapat dilihat</u>.

<mark>単語</mark>　termakan［トゥルマカン］食べられる　　pantai［パンタイ］海岸
　　　dengar［ドゥンガル］聞く　　terdengar［トゥルドゥんガル］聞こえる
　　　suara ombak［スゥアラ　オムバック］波音（suara 音、声　ombak 波）
　　　Tokyo Sky Tree［トーキョー　スカイ　トゥリー］東京スカイツリー
　　　terlihat［トゥルリハット］見える

§5　感情を表す言葉　　(169)

感情に関する単語の多くに、接頭辞 ter- が用いられます。下の例文を参考に考えてみましょう。

Ibu guru selalu <u>tersenyum</u>.　　先生はいつもほほえんでいます。

Kami semua <u>tertawa</u> mendengar cerita pengalaman orang itu.
　　　　　　　　　　　　　　　　私たちはみんなその人の経験談を聞いて笑いました。

Banyak wisatawan asing <u>tertarik</u> pada Candi Borobudur di Jawa.
　　　　　　　　　　　　　　　　多くの外国人観光客は、ジャワのボロブドゥール寺院に興味があります。

§5のまとめ

感情に関する単語の多くには接頭辞 ter- が用いられます。<u>語根単独で使われるよりも ter- を伴った形で使われることが一般的</u>ですので、ter- がついた形で単語を覚えましょう。

<mark>単語</mark>　tersenyum［トゥルスニュウム］ほほえむ　　tertawa［トゥルタワ］笑う
　　　cerita pengalaman［チュリタ　プンガラマン］経験談（cerita 話　pengalaman 経験）
　　　wisatawan［ウィサタワン］旅行者　　tertarik［トゥルタリック］関心がある（tarik 引く）
　　　candi［チャンディ］寺院
　　　Candi Borobudur［チャンディ　ボロブッドゥル］ボロブドゥール寺院（ジャワ島中部に位置するユネスコ世界遺産に登録されたボロブドゥール寺院遺跡群の一部）

§6　接頭辞 ter- を用いた重要頻出単語　　(170)

日常よく使われる接頭辞 ter- の派生語を紹介します。覚えておくと便利です。

Pelajaran 22

Tarif kamar ini sudah termasuk sarapan dan pajak.

masukは「入る」という意味。termasuk「含まれる」という意味

この室料には朝食、税が含まれています。

JKT 48 sangat terkenal di Indonesia.

kenalは「知っている」と言う意味。terkenalは「有名な」という意味

JKT48はインドネシアでとても有名です。

Wilayah negara Jepang terdiri dari empat pulau besar dan banyak pulau kecil.

diriは「自己」という意味。terdiriは「成る」と言う意味。通常、terdiri dari、またはterdiri atasで用い、「～から成る」という意味で使われる

日本の領土は、4つの大きな島と多くの小さな島々から成り立っています。

§6のまとめ

上にあげた接頭辞ter-を用いた派生語は日常よく使われる単語です。この他に、terserah pada ～（～に任せる）、tergantung pada ～（～次第、依存する）、terpaksa（やむを得ず）、terlambat（遅れる）、terburu-buru（慌てふためいて）なども覚えると便利です。

単語 tarif［タリフ］料金　　termasuk［トゥルマスゥック］含まれる　　pajak［パジャック］税
JKT48［ジェーケーティー　フォルティ　エイ／ジェカテ　ウムパット　ドゥらパン］（AKB48のジャカルタ版の女性アイドルグループ）
kenal［クナる］知っている　　terkenal［トゥルクナる］有名な　　wilayah［ウィらヤハ］地域、区域　　negara［ヌガラ］国、国家　　terdiri［トゥルディリ］成る (ter-+diri 自己)
terdiri dari/atas［トゥルディリ　ダリ／アタス］～から成る　　terserah［トゥルスラハ］任せる
(ter-+serah 任せる)　　tergantung pada［トゥルガントゥン　パダ］～次第
(ter-+gantung 依存する)　　terpaksa［トゥルパックサ］やむを得ず (ter-+paksa 強いる)
terlambat［トゥルらムバット］遅れる (ter-+lambat 遅い)
terburu-buru［トゥルブゥルゥ　ブゥルゥ］慌てふためいて (ter-+buru-buru 急いで、慌てて)

便利なコモノ　tanpa［タンパ］

tanpaは「～なしで」という意味の前置詞。この単語は要注意単語です。なぜならば、tambah「加える」と発音が似ているのです。Biasanya saya minum kopi tanpa gula dan krem.「通常、私は砂糖とミルクなしでコーヒーを飲みます」というように使います。

単語 tanpa ～なしで　　tambah［タムバハ］加える

143

Percakapan　会話

Ichiro:　　Ibu Risa, Bapak Handoyo sudah datang?

Risa:　　　Belum, Bapak.
　　　　　Tadi beliau menelepon saya, katanya terlambat.
　　　　　Oh, beliau baru sampai.

Handoyo:　Maafkan saya, Bapak.
　　　　　Saya terjebak kemacetan di Jl. Raden Saleh.

Ichiro:　　Tidak apa-apa.
　　　　　Kadang-kadang saya juga terlambat karena kondisi lalu lintas.

Handoyo:　Jakarta selalu macet.

一郎：　　リサさん、ハンドヨさんはもういらっしゃいましたか？
リサ：　　まだです。
　　　　　先ほどあの方からお電話がありまして、遅れるそうです。
　　　　　あぁ、（あの方は）やっと到着しました。
ハンドヨ：おゆるしください。
　　　　　私はラデン・サレ通りで渋滞にひっかかりました。
一郎：　　大丈夫です。
　　　　　時々、私も交通状況で遅れますから。
ハンドヨ：ジャカルタはいつも渋滞です。

単語　menelepon［ムネレポン］電話する（me-+telepon）　　katanya［カタニャ］〜そうだ
　　　sampai［サムパイ］到着する　　maafkan［マアフカン］ゆるす
　　　terjebak［トゥルジュバック］罠にかかる　　kemacetan［クマチェタン］渋滞
　　　Jl. Raden Saleh［ジャラン　ラデゥン　サれヘ］ラデン・サレ通り（Jl. は Jalan の略）
　　　tidak apa-apa［ティダック　アパ　アパ］大丈夫です（maafkan saya に対する返答として）
　　　kadang-kadang［カダン　カダン］時々　　juga［ジュガ］〜も
　　　kondisi［コンディスィ］状況、状態　　lalu lintas［らルゥ　リンタス］交通
　　　macet［マチェット］渋滞する

144

Pelajaran 22

Latihan 練習

次の文章を日本語に訳しましょう。

(1) Buku agenda siapa yang terletak di atas kursi?

(2) Sutradara itu sangat terkenal di Jepang.

(3) Itu obat terlarang. Kita tidak boleh memakainya.

(4) Tempat penjualan HP terdapat di mana-mana.

(5) Saya terbangun pukul empat tadi pagi.

(6) Di Tanjung Priok, sebuah kapal asing terbakar kemarin.

(7) Matahari mulai terbit dari arah timur.

(8) Matahari telah terbenam di arah barat.

(9) Rok panjang wanita itu terinjak oleh orang di belakangnya.

単語　buku agenda［ブクゥ アゲンダ］手帳　　terletak［トゥルるタック］置かれている (ter-+letak)
　　　sutradara［スゥトラダラ］監督
　　　terlarang 禁止されている［トゥルらラン］(ter-+larang 禁止する)
　　　penjualan［プンジュアらン］販売　　mana-mana［マナ マナ］どこにも、どこでも
　　　Tanjung Priok［タンジュん プリオック］タンジュン・プリオク港　　kapal［カパる］船
　　　terbakar［トゥルバカル］焼けた　　matahari［マタハリ］太陽　　mulai［ムらイ］始める
　　　terbit［トゥルビット］昇る（注意：ter- 動詞ではなく、語根動詞）　　arah［アラハ］方向
　　　timur［ティムゥル］東　　telah［トゥらハ］もう
　　　terbenam［トゥルブナム］沈んでいる (ter-+benam 沈む)　　barat［バラット］西
　　　terinjak［トゥリンジャック］踏まれた

145

(10) Aduh, lidah saya tergigit!

(11) Dompet saya tertinggal di rumah.

(12) Hati-hati, jangan sampai obat itu termakan anak-anak kecil!

(13) Mereka tertarik pada teknologi Jepang yang canggih itu.

(14) Kucingku terkejut mendengar bunyi yang amat keras.

(15) Terpaksa saya naik taksi, karena kereta sudah habis.

(16) Polisi curiga terhadap pemuda itu.

(17) Apa yang tergambar di situ?

(18) Maafkan saya, HP Bapak tercuci bersama pakaian Bapak.

(19) Sepedaku terpakai oleh Ibu.

(20) Mobil semahal itu tidak terbeli oleh saya.

単語 aduh [アドゥゥフ] あっ!、痛っ!　　lidah [リダハ] 舌
tergigit [トゥルギギット] 噛まれる (gigit 噛む)　　dompet [ドムペット] 財布
tertinggal [トゥルティンガル] 取り残される (ter-+tinggal 残る)
hati-hati [ハティ ハティ] 気をつける　　teknologi [テクノロギ] 技術
canggih [チャンギヒ] 高度な、先端的な　　terkejut [トゥルクジュゥット] びっくりする、驚く
(ter-+kejut 驚く)　　keras [クラス] 激しい、(音が) 大きい　　habis [ハビス]
なくなる、終わる　　curiga [チュゥリガ] 疑う　　tergambar [トゥルガムバル] 描かれた
(gambar 絵)　　bersama [ブルサマ] 一緒に　　pakaian [パカイアン] 上衣、服

Pelajaran 23

私はキャッシュカードをなくしました

Saya kehilangan kartu ATM. 私はキャッシュカードをなくしました。
サヤ　クヒらんガン　カルトゥアテエム

Sopir saya menunggu tamu dari Jepang di terminal kedatangan.
ソピル　サヤ　ムヌゥんグゥ　タムゥ　ダリ　ジュぱン　ディ トゥルミナる クダタんガン

私の運転手は日本からの客を到着ターミナルで待っています。

Keselamatan penumpang harus diutamakan.
クスらマタン　　　プヌゥムぱン　　ハルッス　ディウタマカン

乗客の安全は優先されなければなりません。

Lagu kebangsaan Indonesia adalah Indonesia Raya.
ラグゥ　クぱんサアン　インドネスィア　アダらハ　インドネスィア　ラヤ

インドネシアの国歌はインドネシア・ラヤです。

単語 kehilangan なくす (ke-+hilang なくなる+-an)　　terminal ターミナル
kedatangan 到着 (ke-+datang+-an)
keselamatan 安全 (ke-+selamat 無事な+-an)　　penumpang 乗客
diutamakan 優先される (di-+utama 主要な、主な+-kan)
lagu kebangsaan 国歌 (lagu 歌、kebangsaan 国籍)　　raya 大〜

§1　ke-an [クアン] の派生語

接頭辞 ke- と接尾辞 -an の間に、動詞、形容詞、名詞を入れ、動詞や名詞を作ることができます。

§2　迷惑や被害を被る意味を表す動詞

ke-an の間に、動詞、形容詞、名詞を入れて、被害や迷惑を被る意味を表す動詞が作られます。下の例文を参考に考えてみましょう。

Saya kehilangan kartu ATM.　　私はキャッシュカードをなくしました。

hilang は「なくなる」、kehilangan は「なくす」

Tadi malam rumah teman saya kemasukan pencuri.

masuk は「入る」、kemasukan は「入られる」

昨晩、私の友人の家は泥棒に入られました。

Saya kecurian PC di kafe itu.　私はあのカフェでパソコンを盗まれました。

curi は「盗む」、kecurian は「盗まれる」

Saya kedinginan karena masuk angin.

dingin は「寒い」「冷たい」、kedinginan は「寒気がする」

私は風邪を引いているので寒気がします。

Ketika bermain golf, saya kehujanan.

hujan は「雨」、kehujanan は「雨に降られる」

ゴルフをしている時、私は雨に降られました。

単語　kemasukan［クマスッカン］入られる（ke-+masuk 入る+-an）
　　　pencuri［プンチュリ］泥棒　　　kecurian［クチュリアン］盗まれる（ke-+curi 盗む+-an）
　　　kafe［カフェ］カフェ　　　kedinginan［クディンギナン］寒気がする（ke-+dingin 寒い+-an）
　　　masuk angin［マスック　アンギン］風邪を引く（angin 風）
　　　kehujanan［クフジャナン］雨に降られる（ke-+hujan+-an）

§3　ke- 動詞 -an による名詞

ke-an の間に動詞を入れて名詞を作ります。動詞の意味を知っていれば、派生語の意味も容易に想像できるものがほとんどです。下の例文を参考に考えてみましょう。

Sopir saya menunggu tamu dari Jepang di terminal kedatangan.

datang は「来る」、kedatangan は「到着」

私の運転手は日本からの客を到着ターミナルで待っています。

Saya mengantarkan tamu dari Tokyo ke terminal keberangkatan.

berangkat は「出発する」、keberangkatan は「出発」

私は東京からの客を出発ターミナルへ送っていきます。

Kematian artis itu sangat menyedihkan para *fans*.

mati は「死ぬ」、kematian は「死」「死亡」

あのアーティストの死はファンたちをとても悲しませました。

Pelajaran 23

Kelahiran anak perempuan suami istri ini sangat ditunggu oleh mereka.

lahir は「生まれる」、kelahiran は「誕生」「出生」

この夫婦の女の子の誕生は彼らに待ち望まれていました。

[単語] kedatangan ［クダタンガン］到着　　mengantarkan ［ムンガンタルカン］付き添う、送る
　　　keberangkatan ［クブランカタン］出発（ke-+berangkat 出発する+-an)
　　　kematian ［クマティアン］死（ke-+mati 死ぬ+-an)　　artis ［アルティス］芸能人
　　　menyedihkan ［ムニェディヒカン］悲しませる（meny-+sedih 悲しい+-kan)
　　　fans ［ファンス］ファン　　kelahiran ［クラヒラン］誕生（ke-+lahir 生まれる+-an)
　　　ditunggu ［ディトゥングゥ］待たれる（di-+tunggu 待つ、menunggu の受動態形）

§4　ke- 形容詞 -an による名詞

176

ke-an の間に形容詞を入れて名詞を作ります。形容詞の意味を知っていれば、派生語の意味も容易に想像できるものがほとんどです。下の例文を参考に考えてみましょう。

Keselamatan penumpang harus diutamakan.

selamat は「平穏な」「無事な」、keselamatan は「安全」

乗客の安全は優先されなければなりません。

Kebersihan lingkungan hidup kita sangat penting.

bersih は「清潔な」「きれいな」、kebersihan は「清潔」「衛生」

私たちの生活環境衛生は大変重要です。

Kecantikan bintang film ini selalu menarik perhatian orang.

cantik は「美しい」、kecantikan は「美容」「美しさ」

この映画スターの美しさは、いつも人の注目を集めます。

[単語] selamat ［スラマット］平穏な、無事な
　　　kebersihan ［クブルスィハン］清潔、衛生（ke-+bersih 清潔な、きれいな+-an)
　　　lingkungan ［リンクゥンガン］環境　　hidup ［ヒドゥップ］生きる
　　　penting ［プンティン］大切な、重要な
　　　kecantikan ［クチャンティカン］美容、美しさ（ke-+cantik 美しい+-an)
　　　bintang ［ビンタン］星、スター　　film ［フィルム］映画　　menarik ［ムナリック］ひく
　　　perhatian ［プルハティアン］注目（per-+hati 心+-an)

149

§5 ke- 名詞 -an による名詞

語根が名詞の場合、ke- 名詞 -an による派生語の中には、抽象名詞を作り出したり、またその語根が職務を執り行う場所を表す名詞を作り出すものがあります。

Kepribadian seperti itu jarang ditemukan.

pribadi は「個人」、kepribadian は「個性」

そのような個性にはめったに出会わないでしょう。

Kedutaan Besar Republik Indonesia untuk Jepang ada di mana?

duta は「公使」、kedutaan は「公使館」 注：kedutaan besar で「大使館」

在日インドネシア大使館はどこにありますか？

【単語】 kepribadian ［クプリバディアン］ 個性（ke-+pribadi 個人+-an）
seperti ［スプルティ］ ～みたいな　　jarang ［ジャラン］ まれな、めったに～しない
ditemukan ［ディトゥムゥカン］ 出会う（di-+temu+-kan）
kedutaan besar ［クドゥタアン ブサル］ 大使館（ke-+duta+-an　besar 大きい）
Republik Indonesia ［レプブリック インドネシア］ インドネシア共和国

§6 ke -an による過度の表現

語根が形容詞の場合、ke- 形容詞 -an による派生語の中には、形容詞の状態が適度を超える意味を作り出すものもあります。

Jas ini kebesaran untuk saya.　このジャケットは私には大き過ぎます。

besar「大きい」、kebesaran「大き過ぎる」

＜比較1＞ **Jas ini terlalu besar untuk saya.**

terlalu ＋ 形容詞　でも「～過ぎる」の表現ができる

＜比較2＞ **Kebesaran keberadaan ayahnya tidak ada tandingnya.**

彼の父親の存在の偉大さは、それに匹敵するものがない。

この場合は kebesaran は「偉大さ」という意味の名詞。語根の品詞が同じでも、派生語が必ずしも同じ品詞になるとは限らないのが難しいところ。単語ごとに覚えよう！

【単語】 jas ［ジャス］ ジャケット　　　kebesaran ［クブサラン］ 大きすぎる（ke-+besar 大きい+-an）
terlalu ［トゥルらるゥ］ ～過ぎる　　kebesaran ［クブサラン］ 偉大さ（ke-+besar+-an）
keberadaan ［クブラダアン］ 存在（ke-+berada 存在する+-an）
tandingnya ［タンディンニャ］ それに匹敵する

150

Pelajaran 23

§7 ke -an の特殊な派生語　その1

lihat や dengar は「見える」「聞こえる」という意味の派生語になります。

Tokyo Sky Tree kelihatan dari sini.

東京スカイツリーがここから見えます。

lihat は「見る」、kelihatan は「見える」

Sejak tadi pagi suara guruh kedengaran.

今朝から雷の音が聞こえます。

dengar は「聞く」、kedengaran は「聞こえる」

[単語] kelihatan［クリハタン］見える（ke-+lihat+-an）　　suara［スゥアラ］音
　　　 guruh［グゥルゥフ］雷　　kedengaran［クドゥんガラン］聞こえる（ke-+denga+-an）
　　　 bumi［ブゥミ］地上、大地

§8 ke -an の特殊な派生語　その2

ke-an の派生語の難しさは、同じ品詞を ke-an ではさんでも派生語が同じ品詞に属さないことや、少数ながら助動詞などと組み合わされて派生語を作り出すケースもあります。

Ketika jalan-jalan di Bali, kebetulan saya bertemu dengan teman lama di Ubud.

betul は「正しい」、kebetulan は「偶然に」

バリを旅行していた時、偶然に私はウブゥドで旧友と会いました。

Aturan baru ini merupakan suatu keharusan bagi karyawan.

harus は「〜しなければならない」、
keharusan は「義務」

この新しい規則は、従業員の義務です。

Kemungkinan besar dia akan lulus ujian nasional.

mungkin は「おそらく」、
kemungkinan は「可能性」

高い可能性で、彼女は国家試験に合格するでしょう。

[単語] jalan-jalan［ジャラン　ジャラン］旅行、散歩
　　　 kebetulan［クブトゥゥラン］偶然に（ke-+betul 正しい+-an）　　lama［らマ］古い
　　　 merupakan［ムルゥパカン］〜である、〜をなす　　suatu［スゥアトゥ］一つの
　　　 keharusan［クハルゥサン］義務（ke-+harus 〜しなければならない+-an）
　　　 karyawan［カルヤワン］社員、従業員
　　　 kemungkinan［クムんキナン］可能性（ke-+mungkin おそらく+-an）
　　　 lulus［るゥるゥス］合格する
　　　 ujian nasional［ウゥズィアン　ナスィオナる］国家試験（ujian 試験　nasional 国家的）

151

Percakapan　会話

Risa: Bapak sakit, ya?

Ichiro: Kenapa?

Risa: Wajah Bapak kelihatan kurang segar.

Ichiro: Pilek.
Kemarin saya kehujanan di lapangan golf.
Lalu waktu pulang saya kedinginan karena kena AC di mobil.

Risa: Hati-hati, Bapak.
Kesehatan itu penting sekali.

リサ：　病気ですか？

一郎：　どうして？

リサ：　（あなたの）お顔があまり冴えないように見えます。

一郎：　鼻風邪です。

昨日、私はゴルフ場で雨に降られました。

そして、帰る時、車でエアコンに当たって寒かったです。

リサ：　気をつけて。

健康はとても大事です。

単語 sakit［サキット］病気になる　　kenapa［クナパ］どうして　　wajah［ワジャハ］顔、顔つき
pilek［ピルック］鼻風邪　　kehujanan［クフュジャナン］雨に降られる（ke-+hujan 雨+-an）
lalu［ららッ］それから　　pulang［プゥらン］帰る
kedinginan［クディンギナン］冷える、寒がる（ke-+dingin+-an）　　kena［クナ］当たる
kesehatan［クセハタン］健康（ke-+sehat 健康な+-an）

Pelajaran 23

Latihan　練習　(182)

次の単語に接頭辞 ke- と接尾辞 -an をつけ、派生語の意味を調べましょう。

(1) mau　　　　　　　　　　　(11) bakar
(2) cepat　　　　　　　　　　 (12) naik
(3) tinggi　　　　　　　　　　(13) simpul
(4) pagi　　　　　　　　　　　(14) lapar
(5) siang　　　　　　　　　　 (15) benar
(6) malam　　　　　　　　　　 (16) nyata
(7) tinggal　　　　　　　　　 (17) raja
(8) tahu　　　　　　　　　　　(18) jaksa
(9) menang　　　　　　　　　　(19) satu
(10) banyak　　　　　　　　　 (20) banjir

単語
cepat ［チュパット］速い　　menang ［ムナン］勝つ　　simpul ［スィムプゥる］結ぶ
lapar ［らパル］お腹がすく　nyata ［ニャタ］明らかな　jaksa ［ジャクサ］検事
banjir ［バンジル］洪水

便利なコモノ　seperti ［スプルティ］

seperti は「〜のように」、「〜のような」という意味の前置詞。Dia seperti orang Indonesia.「彼女はインドネシア人みたいだ」、Buat seperti ini!「このように作りなさい」というように使います。

単語 seperti 〜のように、〜のような

153

Pelajaran 24

(183)

デンパサール市からウブゥドまでの道のりは、だいたい1時間です

Perjalanan dari Kota Denpasar ke Ubud kira-kira satu jam.
プルジャらナン　ダリ　コタ　デンパサル　ク　ウゥブゥッド　キラ　キラ　サトゥ　ジャム

　　デンパサール市からウブゥドまでの道のりは、だいたい1時間です。

Persahabatan antara Jepang dan Indonesia semakin erat.
プルサハバタン　アンタラ　ジュぱン　ダン　インドネスィア　スマキン　ウラット

　　日本とインドネシアの友好はますます親密になります。

[単語]　perjalanan 旅、道のり　　Kota Denpasar デンパサール市（バリ州の州都、kota 都市）
　　　persahabatan 友好（per-+sahabat 友人+-an）　　antara 間
　　　semakin ますます　　erat 強い、しっかりした

§1　名詞を作る接頭辞 per- [プル] と接尾辞 -an [アン]

　接頭辞 per- と接尾辞 -an は、語根となる単語に両方同時につけて名詞を作り出す機能があります。per- と -an は、主に ber- 動詞に由来した名詞を作り出すほか、他の動詞や元々名詞である語根について別の意味の名詞を作り出すこともあります。

§2　動詞によって表されたことや行為や結果を表す名詞を作る

(184)

Kami berjalan kaki ke Ubud.　　私たちは歩いてウブゥドへ行きます。
　　　　　　berjalan kaki は「歩く」

Perjalanan dari Kota Denpasar ke Ubud kira-kira satu jam.
　　　　perjalanan は「道のり」「旅程」　　デンパサール市からウブゥドまでの道のりは、だいたい1時間です。

Siswa-siswi bercakap-cakap di halaman sekolah.
　　bercakap-cakap は「おしゃべりをする」　　生徒たちは校庭でおしゃべりをしています。

Pelajaran 24

Siswa-siswi belajar <u>percakapan</u> bahasa Indonesia.

percakapan で「会話」　　　生徒たちはインドネシア語会話を勉強します。

Saya <u>bertemu</u> dengan kepala bagian pada jam sepuluh pagi.

bertemu は「会う」　　　私は部長と朝 10 時に会います。

<u>Pertemuan</u> saya dengan kepala bagian akan diadakan besok.

pertemuan は「会合」　　　私と部長の会合は、明日行われます。

(単語) berjalan kaki［ブルジャラン　カキ］歩く　　　perjalanan［ブルジャラナン］道のり、旅程、旅
siswa-siswi［スィスワ　スィスウィ］生徒たち（siswa 男子生徒、siswi 女子生徒）
bercakap-cakap［ブルチャカップ　チャカップ］おしゃべりをする
percakapan［ブルチャカパン］会話（per-＋cakap 会話する＋-an）
bertemu［ブルトゥムゥ］会う
pertemuan［ブルトゥムゥアン］会合、会議（per-＋temu＋-an）

§3　語根の行為をする場所を表す名詞を作る　　　(185)

Bus Trans Jakarta <u>berhenti</u> di halte bus.

berhenti は「停まる」「止まる」　　　トランス・ジャカルタのバスはバス停に停車します。

<u>Perhentian</u> bus Trans Sarbagita semakin lengkap.

perhentian は「停留所」　　　トランス・サルバギタの停留所は次第に整ってきました。

(単語) berhenti［ブルフンティ］停まる、止まる（ber-＋henti 止まる）
halte bus［ハルトゥ　ブゥス］バス停
perhentian［ブルフンティアン］停留所（per-＋henti＋-an）　　　lengkap［るんカップ］整う

§4　語根に関連する産業や業種を表す名詞を作る　　　(186)

<u>Hotel</u> itu baru dan bagus.　　　あのホテルは新しくて立派です。

hotel は「ホテル」

Di daerah pariwisata, banyak warga bekerja di bidang <u>perhotelan</u>.

perhotelan は「ホテル業」「ホテル業界」
　　　観光地では、多くの人々がホテル業界で働いています。

Sashimi **harus dibuat dari <u>ikan</u> yang segar.**

ikan は「魚」　　　刺身は新鮮な魚で作らなければなりません。

155

Saya mengajar sejarah <u>perikanan</u> di fakultas <u>perikanan</u>.

perikanan で「漁業」「水産」　　　私は水産学部で漁業史を教えています。

(単語) daerah pariwisata ［ダエラハ　パリウィサタ］ 観光地（daerah 地域　pariwisata 観光）
　　　warga ［ワルガ］ 市民、住民　　bekerja ［ブクルジャ］ 仕事をする、働く（be-+kerja）
　　　bidang ［ビダン］ 専門　　perhotelan ［プルホテラン］ ホテル業界（per-+hotel ホテル+-an）
　　　ikan ［イカン］ 魚
　　　sejarah perikanan ［スジャラハ　プリカナン］
　　　　漁業史（sejarah 歴史　per-+ikan+-an 漁業、水産）
　　　fakultas ［ファクゥるタス］ 学部

§5　語根が表す物が集合した場所を表す名詞

187

<u>Rumah</u> Handoyo dekat dari kantornya.

rumah は「家」　　　ハンドヨの家は彼のオフィスから近いです。

Rumah Handoyo terletak di <u>perumahan</u> baru di Jakarta Selatan.

perumahan は「住宅街」

＊rで始まる単語は、rが二回繰り返されないことに注意！

　　　　　　　　　ハンドヨの家は南ジャカルタの新しい住宅街にあります。

<u>Kota</u> Surabaya ramai.　　　スラバヤ市はにぎやかです。

kota は「市」

Sarana transportasi <u>perkotaan</u> harus aman dan lancar.

perkotaan は「都市」

　　　　　　　　　都市の交通網は安全でスムーズでなければなりません。

(単語) dekat ［ドゥカット］ 近い　　terletak ［トゥるるタック］ 位置する、ある（ter-+letak 位置、場所）
　　　perumahan ［プルゥマハン］ 住宅街（pe-+rumah+-an）
　　　Jakarta Selatan ［ジャカルタ　スらタン］ 南ジャカルタ（Selatan 南）
　　　Kota Surabaya ［コタ　スゥラバヤ］ スラバヤ市（インドネシア第2の都市、東ジャワ州の州都）
　　　ramai ［ラマイ］ にぎやかな　　sarana ［サラナ］ 手段
　　　transportasi ［トランスポルタスィ］ 交通　　perkotaan ［プルコタアン］ 都市（per-+kota+-an）
　　　aman ［アマン］ 安全な　　lancar ［らンチャル］ スムーズな

156

Pelajaran 24

バリ島の木彫り職人

便利なコモノ　semakin［スマキン］＋形容詞＋ semakin［スマキン］＋形容詞

semakin＋形容詞＋semakin＋形容詞 は「〜するほど〜である」という意味。Semakin besar semakin mahal.「大きければ大きいほど（値段が）高い」、Semakin lama semakin bagus.「時間が経てば経つほど立派になる」というように使います。

単語 semakin＋形容詞＋semakin＋形容詞　〜するほど〜である　　　lama［ラマ］長い間

Percakapan　会話

Ichiro: Kira-kira berapa lama perjalanan dari Jakarta ke Bandung?

Risa: Kira-kira tiga jam dengan mobil.

Ichiro: Sebelum berangkat, saya perlu menyelesaikan persiapan untuk pertemuan dengan mitra kita.

Risa: Perlu saya bantu, Bapak?

Ichiro: Tolong antarkan surat persetujuan untuk proyek baru kepada kepala bagian pemasaran.

Risa: Baik, Bapak.

一郎：　だいたい、ジャカルタからバンドゥンの旅程はどのくらいですか？

リサ：　だいたい、車で3時間です。

一郎：　出発する前に、私は我々のビジネスパートナーとの会合のための準備を終える必要があります。

リサ：　お手伝いが必要ですか？

一郎：　マーケティング部長に新プロジェクトの同意書を届けてください。

リサ：　かしこまりました。

単語　lama［ラマ］長い（時間的な長さ）　　menyelesaikan［ムニュるサイカン］終わらせる
persiapan［プルスィアパン］準備（per-+siap 準備ができた+-an）
mitra［ミットゥラ］ビジネスパートナー　　bantu［バントゥ］手伝う
antarkan［アンタルカン］届け（てくれ）る（antar 届ける+-kan）
persetujuan［プルストゥジュアン］同意、賛成　　proyek［プロイェック］プロジェクト
pemasaran［プマサラン］マーケティング

Pelajaran 24

Latihan　練習　(189)

次の単語に接頭辞 per- と接尾辞 -an をつけ、意味を答えましょう。また、例文を考えてみましょう。

(1) pisah　（　　　　　　　）
　　例文 _____

(2) usaha　（　　　　　　　）
　　例文 _____

(3) toko　（　　　　　　　）
　　例文 _____

(4) temu　（　　　　　　　）
　　例文 _____

(5) kebun　（　　　　　　　）
　　例文 _____

(6) tani　（　　　　　　　）
　　例文 _____

(7) empat　（　　　　　　　）
　　例文 _____

(8) ternak　（　　　　　　　）
　　例文 _____

(9) pustaka　（　　　　　　　）
　　例文 _____

(10) beda　（　　　　　　　）
　　例文 _____

単語　pisah［ピサハ］分かれる、離れる　　usaha［ウッサハ］事業　　toko［トコ］店
　　　kebun［クブゥン］畑　　tani［タニ］農業、農民　　ternak［トゥルナック］家畜
　　　pustaka［プゥスタカ］図書館　　beda［ベダ］異なる

Pelajaran 25

トゥガルララン村の風景はとても美しいです

Pemandangan Desa Tegallalang indah sekali.
プマンダんガン　　デサ　トゥガるららん　インダハ　スカリ
　　　　　　　　トゥガルララン村の風景はとても美しいです。

Di mana tempat penukaran uang?
ディ　マナ　トゥムパットプヌゥカラン　ウアん
　　　　　　　　両替所はどこですか？

Penglihatan nenek saya masih baik.
プんりハタン　　ネネック　サヤ　マスィヒ　バイック
　　　　　　　　祖母の視力はまだよいです。

【単語】 pemandangan 風景
　　　　Desa Tegallalang トゥガルララン村（棚田がきれいな風光明媚な村、desa 村）
　　　　indah 美しい
　　　　tempat penukaran uang 両替所（tempat 場所　penukaran 交換　uang 通貨、お金）
　　　　penglihatan 視力（peng-+lihat 見る+-an）

§1　名詞を作る接頭辞 pe- [プ] と接尾辞 -an

接頭辞 pe- と接尾辞 -an は、語根となる単語に両方同時につけて名詞を作り出す機能があります。pe- と -an は、主に me- 動詞に由来した名詞を作り出すほか、他の動詞について別の意味の名詞を作り出すこともあります。なお、接頭辞 pe- は語根の先頭文字によって形を変えます。この変化規則は、接頭辞 me- と同じ条件です。

§2　動詞によって表されたことをする意味の名詞を作る

Wisatawan asing itu memandang terasering di Desa Tegallalang.

memandang は「眺める」

その外国人観光客はトゥガルララン村の棚田を眺めています。

Pemandangan Desa Tegallalang indah sekali.

pemandangan は「風景」「眺め」

トゥガルララン村の風景はとても美しいです。

Pelajaran 25

Temannya <u>menjual</u> kosmetik mewah.

menjual は「売る」

彼女の友人は高級化粧品を<u>売</u>っています。

<u>Penjualan</u> kosmetik itu menarik perhatian wanita.

penjualan は「販売」

その化粧品の<u>販売</u>は女性の関心を引いています。

Ayah saya <u>membeli</u> mobil buatan Jepang.

membeli は「買う」

私の父は日本製の自動車を<u>買</u>います。

<u>Pembelian</u> produk Jepang memerlukan uang yang cukup banyak.

pembelian は「購入」

日本製品の<u>購入</u>にはかなりのお金が必要です。

【単語】 wisatawan［ウィサタワン］旅行者
memandang［ムマンダン］眺める（mem-+pandang 眺める）
terasering［トゥラスリン］棚田
pemandangan［プマンダンガン］光景、景色（pem-+pandang+-an）
menjual［ムンジュアル］売る（men-+jual）　　kosmetik［コスメティック］化粧品
penjualan［プンジュアらン］販売（pen-+jual+-an）
perhatian［プルハティアン］注意（per-+hati 心+-an）
pembelian［ブムブリアン］購入（pem-+beli+-an）　　cukup［チュウクゥプ］十分である

§3　動詞によって表されたことや、その結果をする意味の名詞を作る 〔192〕

Pemerintah <u>mengumumkan</u> peraturan baru.

mengumumkan は「発表する」

政府は新規則を発表しました。

<u>Pengumuman</u> tentang peraturan baru itu akan diadakan besok.

pengumuman は「発表」

その新規則についての発表は明日行われるでしょう。

Kita harus <u>menyelesaikan</u> masalah ini secepatnya.

menyelesaikan は「解決する」「終わらせる」

我々はできるだけ早くこの問題を解決しなければなりません。

Cara <u>penyelesaian</u> itu memuaskan semua pihak.

penyelesaian は「解決」

その解決方法はすべての立場を満足させました。

【単語】 pemerintah［プムリンタハ］政府　　　mengumumkan［ムングムゥムカン］発表する
pengumuman［プングムゥマン］発表　　menyelesaikan［ムニュラサイカン］解決する
secepatnya［スチュパットニャ］できるだけ早く　　cara［チャラ］方法

161

penyelesaian［プニュるサイアン］解決
memuaskan［ムムゥアスカン］満足させる（mem-+puas 満足する+-kan）
pihak［ピハック］側、立場

§4 語根から容易に想像しにくい派生語になる例

これまで説明したpe-anの派生語は、語根の意味を知っていれば、「〜すること」、「〜されたこと」という範囲で考えつく抽象名詞になる例です。ここであげる例は、語根の意味から単純に思いつかない派生語のパターンです。語根と派生語を1つ1つ見比べてみましょう。

Orang itu selalu mengutamakan kepentingan diri.
diriは「自己」
あの人はいつも自分の必要性を優先します。

Orang itu berdiri di depan pintu.
berdiriは「立つ」
あの人はドアの前に立っています。

Orang itu mendirikan sebuah yayasan pendidikan.
mendirikanは「〜を建てる」「立ち上げる」
あの人は教育財団を立ち上げました。

Pendirian orang itu berbeda dengan pendirian saya.
pendirianは「見解」
あの人の見解は私の見解と違います。

Saya dapat teman baru di Jakarta.
dapatは「得る」
私はジャカルタで新しい友人を得ました。

Pendapatan saya tidak begitu besar.
pendapatanは「所得」
私の所得はそれほど大きくありません。

Kakek melihat Gunung Agung. 祖父はアグン山を見ています。
melihatは「見る」

Penglihatan kakek mulai berkurang.
penglihatanは「視力」の意味
祖父の視力は落ち始めています。

＊「視力」という意味を作る場合は、先頭文字がlにもかかわらず接頭辞の形がpen-ではなくpeng-の形をつける特殊な例です。

(単語) mengutamakan［ムングゥタマカン］優先する　　kepentingan［クプンティンガン］利害、権益
diri［ディリ］自己　　berdiri［ブルディリ］立つ
mendirikan［ムンディリカン］建てる、立ち上げる　　yayasan［ヤヤサン］財団
pendidikan［プンディディカン］教育（pen-+didik 教育する+-an）

162

Pelajaran 25

pendirian ［プンディリアン］見解　　berbeda ［ブルベダ］違う　　dapat ［ダパット］得る
pendapatan ［プンダパタン］所得
Gunung Agung ［グゥヌん　アグゥん］アグン山（バリ島で最も高い火山）
mulai ［ムゥライ］始まる　　berkurang ［ブルクゥラん］減る（ber-＋kurang 足りない）

バリ島にひろがる棚田。世界遺産に登録されました

便利なコモノ　walaupun ［ワラウプゥン］

　walaupun は「～なのだけれども」という意味の接続詞。Walaupun capai, ibu saya selalu menyediakan masakan yang enak untuk keluarga.「疲れていても、母はいつも家族のためにおいしい料理を用意してくれます」、Walaupun hujan lebat, mereka berangkat ke Puncak.「大雨でも、彼らはプンチャックへ出発します」というように使います。

[単語] walaupun ～なのだけれども　　capai ［チャパイ］疲れる
menyediakan ［ムニュディアカン］用意する、仕度する　　keluarga ［クルゥアルガ］家族
lebat ［るバット］激しい

163

Percakapan 会話

Ichiro: Dengar-dengar, sejak bulan lalu DBD mewabah di Jakarta?

Risa: Katanya begitu, Bapak.

Ichiro: Sebagai pencegahan penyakit ini, biasanya orang Indonesia melakukan apa saja?

Risa: Kami minum jus jambu.
Selain itu, biasanya kami menggosokkan losion anti-nyamuk ke seluruh badan.

Ichiro: Penggunaan penolak nyamuk dapat efek pencegahan?

Risa: Lumayan.
Perlu hati-hati juga, jika Bapak bermain golf pada siang hari.

Ichiro: Kenapa?

Risa: Biasanya nyamuk demam berdarah lebih suka menggigit manusia pada siang hari.

Pelajaran 25

一郎： 先月からジャカルタでデング熱が蔓延していると聞いたけど…
リサ： そうらしいですね。
一郎： この病気の予防として、普通インドネシア人は何をしますか？
リサ： 私たちはグアバジュースを飲みます。
　　　 その他に、普通は全身に蚊避けローションを塗ります。
一郎： 蚊避けの利用は予防効果がありますか。
リサ： まあまあです。
　　　 気をつける必要があるのは、日中に（あなたが）ゴルフをする場合もです。
一郎： どうして？
リサ： 普通は、デング熱の蚊は日中に人を刺すのです。

単語　sejak［スジャック］〜以来　　　mewabah［ムワバハ］（伝染病が）流行する
　　　katanya［カタニャ］〜そうだ　　begitu［ブギトゥ］そのような
　　　sebagai［スバガイ］〜として　　pencegahan［プンチュガハン］予防
　　　penyakit［プニャキット］病気　 biasanya［ビアサニャ］通常、普通
　　　melakukan［ムラクゥカン］やる、する　　jambu［ジャムブゥ］グアバ
　　　selain［スライン］〜とは別に、〜の他に　menggosokkan［ムンゴソックカン］こする
　　　losion anti-nyamuk［ロシオン　アンティ　ニャムゥック］
　　　　蚊よけローション（lotion ローション　anti 抗〜　nyamuk 蚊）
　　　penggunaan［プングゥナアン］使用、利用　penolak［プノラック］〜避け
　　　efek［ウフェック］効果　　lumayan［るゥマヤン］まあまあ　juga［ジュゥガ］も
　　　berdarah［ブルダラハ］出血する　　menggigit［ムンギギット］噛む
　　　manusia［マヌゥスィア］人間

都市部を中心に、大規模なモールが次々にオープン

165

Latihan　練習

次の文を日本語に訳しましょう。

(1) Anjing terkenal sebagai hewan yang memiliki penciuman yang tajam.

(2) Penginapan ini disenangi kalangan turis asing.

(3) Pemulangan para pengungsi dilakukan secara bertahap.

(4) Pada masa pendudukan Jepang di Indonesia, bahasa Indonesia mengalami perkembangan yang cukup pesat.

(5) Pemilikan tanah ini tidak sah.

(6) Menurut pengamatan saya, pemilihan kali ini berjalan dengan baik.

(7) Sistem pengairan sawah yang dilakukan oleh masyarakat Bali dikenal dengan nama *subak*.

(8) Perusahaan swasta memberi bantuan dana untuk pengaspalan jalan di kampung.

(9) Pemakaian suplemen dengan cara yang tepat dapat mengatur kondisi kesehatan kita.

(10) Bagi saya, pembuatan laporan bulanan adalah tugas yang cukup berat.

Pelajaran 25

単語
hewan [ヘワン] 動物　　memiliki [ムミリキ] 持っている（me-+milik 所有+-i）
penciuman [プンチウマン] 嗅覚（mencium 臭いをかぐ）　　tajam [タジャム] 敏感な、鋭い
penginapan [プンギナパン] 宿屋、旅館
disenangi [ディスナンギ] 喜ばせる（di-+senang うれしい+-i、menyenangi の受動態形）
kalangan [クらンガン] グループ　　pemulangan [プムぅらンガン] 帰郷
pengungsi [プングンスィ] 避難者
pendudukan [プンドゥドゥカン] 支配（pen-+duduk 座る+-an）
mengalami [ムンガらミ] 〜を経験する、〜に遭う
perkembangan [プルクムバンガン] 発展　　tanah [タナハ] 土地
sah [サハ] 法的に正当な、合法的な　　menurut [ムヌゥルット] 〜によれば
pengamatan [プンガマタン] 観察　pemilihan [プミリハン] 選挙
kali ini [カリ イニ] 今回（kali 回）　　berjalan [ブルジャらン] 進む
dengan baik [ドゥンガン バイック] よく　　pengairan [プンガイラン] 灌漑、治水
sawah [サワハ] 田、水田
dilakukan [ディらクゥカン] 実施された、行われた（melakukan の受動態形）
masyarakat [マシャラカット] 社会、コミュニティー
dikenal [ディクナる] 知られた、知られている（di-+kenal 知っている、mengenal の受動態形）
swasta [スワスタ] 私的な、民間の　　bantuan [バントゥアン] 援助
dana [ダナ] 基金、資金　　pengaspalan [プンガスパらン] アスファルト舗装
pemakaian [プマカイアン] 使用　　suplemen [スゥプりメン] サプリメント
mengatur [ムンガトゥル] 調整する、整える　　laporan [らポラン] 報告、レポート
bulanan [ブゥらナン] 月ごと　　tugas [トゥガス] 任務、職務
berat [ブラト] 重い、難しい

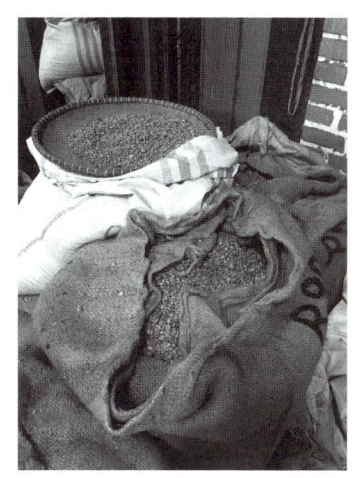

インドネシアは世界的に有名なコーヒー生産国

コーヒー豆を天日干しする作業

Latihan（練習）解答例

Pelajaran 3
(1) Dia orang Indonesia.
(2) Kami orang Jepang.
(3) Beliau guru bahasa Jepang.
(4) Saya dan Kartika teman Handoyo.
(5) Ibu siapa dia?
(6) Nama saya ○○○○○ .
(7) Itu kantor mereka.
(8) Anda orang dari mana?
(9) HP siapa?
(10) PC-nya.

Pelajaran 4
(1) Apa ini?
(2) Apakah itu majalah Jepang?
(3) Bukan, itu bukan majalah Jepang, tetapi majalah Indonesia.
(4) Ya, ini majalah Jepang.
(5) Apakah itu adik perempuan Siti?
(6) Ini masakan Jawa, bukan?
(7) Ya, itu masakan Jawa.
(8) Itu bukan kopi Toraja, bukan?
(9) Ya, ini bukan kopi Toraja.
(10) Bukan, ini kopi Toraja.

Pelajaran 5
(1) Berapa itu?
(2) Berapa ukuran kemeja itu?
(3) Berapa harga *smartphone* ini?
(4) Berapa nomor telepon rumah Bapak Joko? / Berapa nomor telepon rumah Pak Joko?
(5) Harga arloji ini ¥25.000（dua puluh lima ribu yen）.
(6) Nomor HP saya 09012368945（nol sembilan nol satu dua tiga enam

Latihan（練習）解答例

delapan sembilan empat lima）.
(7) Berapa kilogram? / Berapa kilo?
(8) Berapa meter?
(9) Berapa nomor paspor Bapak?
(10) Ukuran sepatu saya 39 (tiga puluh sembilan).

Pelajaran 6

(1)	buah	10個のパイナップル
(2)	orang	5人の警察官
(3)	buah	3台の自動車
(4)	ekor	2匹のヤギ
(5)	piring	7皿のナシゴレン
(6)	cangkir / gelas	1杯のミルクコーヒー
(7)	kaleng / botol	3缶のコーラ／3本のコーラ
(8)	lembar	8枚の紙
(9)	butir	10個の鶏卵
(10)	sendok	3匙の塩

Pelajaran 7

(1) アンディの誕生日はいつですか？
(2) 5月5日です。
(3) 10日前は何曜日でしたか？
(4) 昨日は何日でしたか？
(5) 2か月後は何月ですか？
(6) 日本ではいつが夏休みですか？
(7) 鈴木さんの送別会はいつですか？
(8) 彼は何番目の子どもですか？
(9) 何年にインドネシアは独立しましたか？
(10) 1945年です。

Pelajaran 8

(1) pukul tiga lewat sepuluh menit   *pukul は jam に置き換え可*
(2) pukul sembilan lewat dua puluh menit
(3) pukul setengah lima
(4) pukul satu kurang sepuluh menit

169

Latihan（練習）解答例

(5) pukul empat kurang seperempat　　　pukul は jam に置き換え可
(6) satu setengah jam
(7) lima menit
(8) empat minggu
(9) tiga bulan
(10) dua tahun

Pelajaran 9
(1) 私の家族は東京に住んでいます。
(2) 私たちは豚肉を食べず、またお酒を飲みません。
(3) 彼らはマタハリ・トゥルビッ・サヌールのバス停でトランス・サルバギタのバスに乗ります。
(4) 私たちはスティアブディのバス停でトランス・ジャカルタのバスを降ります。
(5) 私たちは毎日マンディ（水浴び）をします。／私たちは毎日風呂に入ります。
(6) たくさんの人がその建物から出ます。
(7) 彼（彼女）は彼の部屋へ入ります。
(8) 私の猫は私のベッドの上で寝ています。
(9) 子どもたちはガジュマルの木の下に座ります。
(10) いつ彼（彼女）はシンガポールから戻りますか？

Pelajaran 10
(1) 私は毎日バイクに乗ってオフィスへ行きます。
(2) 彼（彼女）らはゴルフをします。
(3) あの人は長い髪をしていますか？
(4) 彼（彼女）はサングラスをかけています。
(5) 私たちは毎金曜日、運動をします。
(6) いつ彼（彼女）の父は東京へ出発しますか？
(7) 会社員はワイシャツを着てネクタイをしめます。
(8) 私は銀行で働いています。
(9) 私は英語を話します。
(10) 私たちはあのレストランでハンドヨさんと会います。

Pelajaran 11
(1) memberi　　与える

Latihan（練習）解答例

Adik laki-laki saya sudah memberi makan burung.
私の弟は鳥に餌を与えます。

(2) memilih　選ぶ
Nita mau memilih nomor HP ini.
ニタはこの携帯電話番号を選びます。

(3) mencari　探す
Restoran ini sedang mencari koki.
このレストランは調理人を探しています（求人の意味）。

(4) menulis　書く
Mereka harus menulis esai.
彼ら（彼女たち）はエッセイを書かなければなりません。

(5) memasang　設置する、つける
Petugas sedang memasang tenda di lapangan olah raga.
係員は運動場にテントを設置しています。

(6) menjual　売る
Tante Eka ingin menjual bakso di pasar.
エカおばさんは市場で肉団子を売ります。

(7) mengisi　記入する、入れる、詰める
Kita perlu mengisi formulir ini.
私たちはこの書式に記入する必要があります。

(8) menggunting　はさみで切る
Anak kecil itu menggunting kertas di kamarnya.
その小さな子どもは自分の部屋で紙をはさみで切っています。

(9) mengambil　取る
Karyawan boleh mengambil cuti.
従業員は休暇をとってもよいです。

(10) menyimpan　しまう
Kakak perempuan saya menyimpan buku harian di laci meja.
私の姉は机の引き出しに日記をしまいます。

Pelajaran 12

(1) Rumah ini sama besarnya dengan rumah saya.
この家は私の家と同じ大きさだ。
Tas ini lebih besar daripada tas itu.
この鞄はあの鞄より大きい。

Latihan（練習）解答例

    Gedung itu paling besar di Indonesia.
    あの建物はインドネシアでいちばん大きい。
(2) Ukuran sepatu saya sama kecilnya dengan ukuran sepatu kamu.
    私の靴のサイズは君の靴のサイズと同じくらい小さい。
    Telur ayam kampung lebih kecil daripada telur ayam ras.
    地鶏の卵は養鶏の卵より小さい。
    Ukuran layar komputer ini paling kecil diantara semua.
    このコンピューターのモニターのサイズはすべての中でいちばん小さい。
(3) Luas tanah pabrik kertas ini sama luasnya dengan pabrik ban mobil itu.
    この製紙工場の敷地面積は、あの自動車のタイヤ工場と同じくらい広い。
    Luas tanah pabrik kertas ini lebih luas daripada pabrik roti itu.
    この製紙工場の敷地面積はあのパン工場より広い。
    Luas tanah pabrik kertas ini paling luas di sedunia.
    この製紙工場の敷地面積は全世界でいちばん広い。
(4) Ruang kelas kami sama sempitnya dengan ruang kelas itu.
    私たちの教室はあの教室と同じくらい狭い。
    Gang lebih sempit daripada jalan biasa.
    路地は普通の道路よりも狭い。
    Jalan ini paling sempit di seluruh pulau Bali.
    この道は全バリ島でいちばん狭い。
(5) Harga cincin saya sama mahalnya dengan harga kalung ibu.
    私の指輪の値段は母のネックレスの値段と同じくらい高い。
    Harga beras di Jepang lebih mahal daripada harga beras di Indonesia.
    日本の米価はインドネシアの米価より高い。
    Berlian ini paling mahal di dunia.
    このダイヤモンドは世界でいちばん高い。
(6) Nasi bungkus warung ini sama murahnya dengan nasi bungkus di kantin sekolah.
    この屋台のナシ・ブンクス（インドネシア風幕の内弁当）は学食のナシ・ブンクスと同じくらい安い。
    Harga daging di pasar lebih murah daripada harga daging di pasar swalayan.
    市場の肉の値段はスーパーの肉の値段より安い。
    Bunga ini paling murah diantara bunga-bunga lain di toko bunga itu.
    この花はあの花屋の他の花の中でいちばん安い。

Latihan（練習）解答例

(7) Kakak perempuan saya sama cantiknya dengan ibu saya.
私の姉は私の母と同じくらい美しい。
Yulia lebih cantik daripada saya.
ユリアは私より美しい。
Dia paling cantik di kelasnya.
彼女はクラスでいちばん美しい。

(8) Hasil ujian kali ini sama jeleknya dengan hasil ujian yang lalu.
今回の試験結果は前の試験結果と同じくらい悪い。
Bajunya lebih jelek daripada baju saya.
彼女の服は私の服よりもよくない。
Model rambutnya paling jelek diantara semua peragawati di buku mode.
彼女の髪型はモード誌のすべてのモデルの中でいちばん悪い。

(9) Kampung ini sama bersihnya dengan kampung itu.
この村はあの村と同じくらい清潔だ。
Restoran ini lebih bersih daripada rumah makan itu.
このレストランはあの食堂よりも清潔だ。
Daerah ini paling bersih di Indonesia.
この地域はインドネシアでいちばん清潔だ。

(10) Kamar mandi pasar swalayan ini sama kotornya dengan kamar mandi di taman.
このスーパーのトイレは公園のトイレと同じくらい汚い。
Jalan ini lebih kotor daripada jalan di desa.
この道は村の道よりも汚い。
Ruang kelas mereka paling kotor diantara semua ruang kelas di sekolah kami.
彼ら（彼女たち）の教室は私たちの学校のすべての教室の中でいちばん汚い。

Pelajaran 13

(1) あの人はとても太っています。
(2) 私の友達の指輪はとてもすてきです。
(3) ニューヨーク行きの航空券の値段はとても高いです。
(4) このスープは少し塩辛いです。
(5) あのパソコンはやや安いです。
(6) 日本製のスーツケースはかなり丈夫です。
(7) あのレストランの料理の味はあまりおいしくありません。

173

Latihan（練習）解答例

(8) 彼はダンドゥット音楽を聴くのが、あまり好きではありません。
(9) 東京の物価は高過ぎます。
(10) このコーヒーはまったく香りがよくありません。

Pelajaran 14
(1) 行きなさい！
(2) 座りなさい！
(3) 私の家にお越しください。
(4) 薬局でこの薬を探してください！
(5) あと2つください！
(6) 少し飲んでごらんなさい！
(7) プンチャックへ旅行に行きましょう！
(8) ここにサインをお願いします！
(9) そのサンダルをお使いください。
(10) ストローをください！

Pelajaran 15
(1) Ibu saya biasanya membeli pakaian di Plaza Senayan.
　　私の母は普段プラザ・スナヤンで服を買います。
(2) Bacaan ini cukup sulit.
　　この読み物はかなり難しいです。
(3) Masakan Ibu Ayu enak sekali.
　　アユさんの料理はとてもおいしいです。
(4) Makanan harus bersih.
　　食品は清潔でなければなりません。
(5) Buah-buahan tropis sangat bervariasi dan enak.
　　熱帯の果物は非常にバラエティーがあり、おいしいです。
(6) Pegawai itu membuat laporan bulanan.
　　あの社員は月報を作成します。
(7) Mereka bermain voli di lapangan olah raga.
　　彼ら（彼女たち）は運動場でバレーボールをします。
(8) Atasan saya tidak masuk kerja hari ini karena dinas.
　　私の上司は出張のため、今日は出社しません。
(9) Saya tidak suka asinan mangga.
　　私はマンゴーの漬け物が嫌いです。

Latihan（練習）解答例

(10) Ribuan orang berkumpul di depan gedung itu.
数千人があの建物の前に集ります。

Pelajaran 16
(1) Pekerja その工場の労働者は賃金値上げを要求します。
(2) Pelanggan あの日刊紙の購読者はますます多くなりました。
(3) penakut 私の弟は恐がりやです。
(4) Pelukis あのバリの画家はウブドに住んでいます。
(5) Pengering 日本製のヘアドライヤーは他の外国製より高いです。
(6) penyedot この掃除機は壊れています。
(7) peselancar サーファーたちはクタ・ビーチに集合します。
(8) Pemabuk あの酔っぱらいは路肩に寝ています。
(9) Pedagang その商人は彼の村の野菜類を売っています。
(10) Pemusik 最近、東京で路上ミュージシャンが増えました。

Pelajaran 17
(1) 母はスープが冷めたのであたためています。
(2) 私の恋人は私に誕生日プレゼントをくれました。
(3) ユドノは彼の友達にバイクを貸しました。
(4) 私の弟はテレビをつけます。
(5) 寝る時は電気を消した方がよいです。
(6) 毎日私のお手伝いさんはバスルームを掃除します。
(7) そよ風は私たちの体をリフレッシュします。
(8) 私の母は朝6時に私と弟（妹）たちを起こします。
(9) ウエーターは客に1枚の皿をとってくれます。
(10) 彼（彼女）らは校庭でお知らせを聞きます。

Pelajara 18
(1) Seekor tupai melompati pohon tinggi.
一匹のムササビが高い木を飛び越えます。
(2) Petani itu mencabuti rumput di ladang.
あの農民は畑の草を次々とむしります。
(3) Kami mendatangi rumah guru.
私たちは先生の家を訪問します。
(4) Pemuda ini mau menaiki Gunung Fuji.

175

Latihan（練習）解答例

　　この青年は富士山に登りたいです。
(5)　Ibu menciumi saya.
　　母は私に何度もキスをします。
(6)　Buah mangga menjatuhi atap sekolah kami.
　　マンゴーの実が私たちの学校の屋根に落ちました。
(7)　Kami menyetujui pendapat Anda.
　　私たちはあなたの意見に賛成します。
(8)　Ayah menamai adik saya Andi.
　　父は私の弟にアンディと名付けました。
(9)　Dokter mengobati pasien.
　　医者は患者を治療します。
(10)　Anak-anak harus menghormati orang tua.
　　子どもたちは両親を尊敬すべきです。

Pelajaran 19

(1)　Bahasa Indonesia mempersatukan bangsa Indonesia.
　　インドネシア語はインドネシアの民族を統一します。
(2)　Mahasiswa Jurusan Jepang mempertunjukkan tari Jepang.
　　日本コースの学生は日本の踊りを披露します。
(3)　Mereka harus memperdalam tata bahasa Indonesia.
　　彼ら（彼女たち）はインドネシア語の文法を研究しなければなりません。
(4)　Pejalan kaki perlu memperhatikan tanda lalu lintas.
　　歩行者は交通標識に注意する必要があります。
(5)　Saya memperlihatkan video kepada teman-teman.
　　私は友人たちにビデオを見せます。
(6)　Para mahasiswa memperdebatkan berbagai hak anak-anak.
　　大学生たちは子どもたちのいろいろな権利についてディベートをします。
(7)　AC di kamarku rusak. Saya harus memanggil tukang untuk memperbaikinya.
　　僕の部屋のエアコンが故障しました。僕は修理するために修理屋さんを呼ばなければなりません。
(8)　Ibu saya mau memperluas halaman rumah kami.
　　私の母は私たちの家の庭を拡張したいです。
(9)　Para pahlawan memperjuangkan kemerdekaan Indonesia.
　　英雄たちはインドネシア独立のために戦いました。
(10)　Kami memperbincangkan kenaikan pajak pendapatan.

私たちは所得税増税について話し合いました。

Pelajaran 20

1

(1) Biaya sekolah kita bayar.
学費は私たちが払います。
(2) Ikan goreng di atas meja dimakan oleh kucing itu.
テーブルの上の揚げ魚はその猫に食べられてしまいました。
(3) Mobil mewah tidak mau kubeli.
高級車を僕は買いたくありません。
(4) Handoyo dipanggil olehnya.
ハンドヨは彼（彼女）に呼ばれました。
(5) Nastar dibuat oleh ibu saya hari ini.
パイナップルクッキーは今日私の母が作りました。

2

(1) Tina sudah membersihkan kamar mandi.
ティナはもう浴室を掃除しました。
(2) Risa menelepon saya tadi malam.
リサは夕べ私に電話をかけました。
(3) Engkau sudah mendengar berita gembira itu.
君はもうそのうれしい知らせを聞きました。
(4) Dokter belum mengobati pasien itu.
医者はまだその患者を治療していません。
(5) Kakak laki-laki saya sudah memperbaiki sepeda motor saya.
私の兄はもう私のバイクを修理しました。

Pelajaran 21

1

(1) sepatu yang merah
(2) bunga yang putih
(3) jas yang hitam
(4) baju kaos yang (warna) kuning
(5) rumah yang besar
(6) sepeda motor yang baru

Latihan（練習）解答例

(7) kamus yang tebal
(8) tas yang berat
(9) CD yang lama
(10) teh yang panas
(11) kamar hotel yang luas dan mewah
(12) *Ramen* yang murah dan enak
(13) bunga yang indah dan harum
(14) pria yang tinggi dan gemuk
(15) wanita yang pendek dan kurus
(16) badan yang sehat dan kuat
(17) anak yang pintar dan rajin
(18) kamar mandi yang bersih dan terang
(19) semangka yang segar dan manis
(20) masakan yang pedas dan asin

2

(1) Anak yang cantik itu pintar.
(2) Pria yang kaya itu sombong.
(3) Rumah yang lama ini gelap dan tidak bersih.
(4) Wanita yang berambut panjang itu selalu sibuk.
(5) Mobil buatan Jerman yang dibelinya mahal dan mewah. / Mobil buatan Jerman yang dia beli mahal dan mewah.
(6) Asinan yang dibeli ibu ini asam dan pedas. / Asinan yang ibu beli ini asam dan pedas.
(7) Pisang yang belum matang ini sepat.
(8) Yang mana lebih murah, <u>mobil Jepang atau mobil Jerman</u>?

buatan を入れて mobil buatan Jepang (Jerman) とすると、「日本（ドイツ）で製造された」というニュアンスが強くなります

(9) Saya memilih yang praktis.
(10) Anjing yang besar dan putih itu anjing saya.

3

(1) 私がパリで買ったこのフランス製の鞄はすてきで丈夫だ。
(2) あなたが今しめているネクタイは模様がすてきだ。

Latihan（練習）解答例

(3) その新鮮な刺身はとてもおいしい。
(4) あの短いバナナの名前はピサン・ススだ。
(5) さっき僕が注文したアイスティーは、まだ来ていない（運ばれて来ていない）。
(6) 私の母が焼いたパンはおいしい。
(7) 冷蔵庫にしまわないおかずは、早く傷む。
(8) その高価な日本製の電子機器は丈夫で長持ちする。
(9) あなたはパイナップルとアボガドではどちらが好きですか？
(10) これとそれではどちらを取りますか？
(11) 昨日私たちが屋台で食べたヤギの串焼きは、あまりおいしくなかった。
(12) あなたはJRと地下鉄のどちらに乗りたいですか？
(13) あの洗濯屋が洗った服は、あまり清潔ではない。
(14) 私たちの家の裏の木はとても（高さが）高い。
(15) 一度実がなると、バナナの木は再び実をつけることができない。
(16) あの不健全なテレビ番組は、私たちは観ないほうがよい。
(17) その高くて長い橋は日本企業が造った。
(18) どの大学がインドネシアで最も有名か？
(19) あの高級な病院は費用が非常に高い。
(20) あの植えたばかりの稲は緑色をしているが、一方、刈り入れ前のものは黄色い色をしている。

Pelajaran 22

(1) 誰の手帳が椅子の上に置かれていますか？
(2) その監督は日本で非常に有名だ。
(3) それは禁止されている薬だ。私たちは使用してはならない。
(4) 携帯電話販売店はどこにでもある。
(5) 私は今朝4時に目を覚ました。
(6) タンジュン・プリオク港で昨日一艘の外国船が燃えてしまった。
(7) 太陽が東の方角から昇り始めた。
(8) 太陽が西の方角に沈んだ。
(9) その女性の長いスカートは、後ろの人に踏まれた。
(10) わっ、私は舌を噛んでしまった！
(11) 私の財布を家に置き忘れた。
(12) 気をつけて、その薬が小さな子どもたちに（誤って）飲まれないように！
(13) 彼らはその高度な日本の技術に興味がある。

179

Latihan (練習) 解答例

⑭ 僕の猫は、非常に大きな音を聞いて驚いた。
⑮ 電車が終わってしまったので、やむを得ず私はタクシーに乗った。
⑯ 警察はその若者を疑っている。
⑰ そこには何が描かれているのか？
⑱ 赦してください、あなたの携帯電話を服と一緒に洗ってしまいました。
⑲ 僕の自転車は母に使われています。
⑳ それほど高価な車は、私には買えない。

Pelajaran 23

(1) kemauan　意志
(2) kecepatan　速度
(3) ketinggian　高さ
(4) kepagian　早過ぎ
(5) kesiangan　寝坊する
(6) kemalaman　思わず夜遅くなる
(7) ketinggalan　取り残される、遅れる
(8) ketahuan　ばれる
(9) kemenangan　勝利
(10) kebanyakan　大部分、多過ぎる
(11) kebakaran　火災、火事
(12) kenaikan　上昇
(13) kesimpulan　結論
(14) kelaparan　飢餓
(15) kebenaran　真理、真実
(16) kenyataan　現実
(17) kerajaan　王国
(18) kejaksaan　検察
(19) kesatuan　単一性
(20) kebanjiran　洪水にやられる

Pelajaran 24

(1) perpisahan　別れ
　　Pesta perpisahan Bapak Ichiro akan diadakan di restoran Bambu besok.
　　一郎さんの送別会はレストラン・バンブーで明日行われます。
(2) perusahaan　企業、会社
　　Perusahaan kami memiliki sepuluh cabang di daerah Asia Tenggara.
　　私たちの会社は東南アジア地域に10の支店を持っています。
(3) pertokoan　商店街
　　Pertokoan Jl. Gajah Mada selalu ramai.
　　ガジャ・マダ通りの商店街はいつもにぎやかです。
(4) pertemuan　会合、出会い
　　Pertemuan hari ini sangat penting.
　　今日の会合はとても重要です。
(5) perkebunan　農園
　　Perkebunan tanaman organik di daerah Bedugul cukup luas.

Latihan（練習）解答例

ブドゥグル地方の有機植物農園はかなり広いです。

(6) pertanian　農業
Saya kuliah di fakultas pertanian IPB.
私はIPB（Institut Pertanian Bogor ボゴール農科大学）の農学部に通っています。

(7) perempatan　交差点、十字路
Lampu lalu lintas di perempatan ini rusak sehingga jalan macet.
この交差点の信号は故障しているので道が渋滞します。

(8) peternakan　畜産
Saya bekerja di bidang peternakan.
私は畜産業の仕事をしています。

(9) perpustakaan　図書館
Di Jepang ada banyak perpustakaan.
日本にはたくさんの図書館があります。

(10) perbedaan　違い
Apa perbedaan antara saya dan kamu?
私とあなたの違いは何でしょう？

Pelajaran 25

(1) 犬は鋭い嗅覚を持つ動物として知られている。
(2) この宿泊施設は外国人観光客に好まれる。
(3) 避難者たちの帰郷は段階的に行われる。
(4) インドネシアにおける日本占領期に、インドネシア語はかなり急速な発展を経験した。
(5) この土地の所有は合法ではない。
(6) 私の観察では、今回の選挙は順調に行われた。
(7) バリの人々によって行われる水田の灌漑システムはスバックとして知られている。
(8) 民間企業は村の道路の舗装のために援助金を提供する。
(9) 適切な方法でのサプリメントの利用は、我々の健康状態を整えることができる。
(10) 私にとって月報の作成はかなりきつい任務だ。

分野別単語

曜日・月

日曜日	hari Minggu ハリ ミングゥ
月曜日	hari Senin ハリ スニン
火曜日	hari Selasa ハリ スらサ
水曜日	hari Rabu ハリ ラブゥ
木曜日	hari Kamis ハリ カミス
金曜日	hari Jumat ハリ ジュウマット
土曜日	hari Sabtu ハリ サブトゥ
1月	bulan Januari ブゥラン ジャヌゥアリ
2月	bulan Februari ブゥラン フェブルゥアリ
3月	bulan Maret ブゥラン マルット
4月	bulan April ブゥラン アプリる
5月	bulan Mei ブゥラン メイ
6月	bulan Juni ブゥラン ジュウニ
7月	bulan Juli ブゥラン ジュウり
8月	bulan Agustus ブゥラン アグゥストゥス
9月	bulan September ブゥラン セプテムブる
10月	bulan Oktober ブゥラン オクトブる
11月	bulan November ブゥラン ノフェムブる
12月	bulan Desember ブゥラン デセムブる

天候・気候

雨	hujan フゥジャン
曇り	mendung ムンドゥん
晴れ	cerah チュラハ
暑い	panas パナス
寒い	dingin ディんギン
乾期	musim kemarau ムゥスィム クマラウ
雨期	musim hujan ムゥスィム フゥジャン

家族

父	bapak / ayah バパック ／アヤﾊ
母	ibu イブゥ
夫	suami スゥアミ
妻	isteri イストゥリ
祖父	kakek カケック
祖母	nenek ネネック
子ども	anak アナック
兄弟	saudara サウダラ
兄	kakak laki-laki カカック らキらキ
弟	adik laki-laki アディック らキらキ
姉	kakak perempuan カカック プルムプゥアン
妹	adik perempuan アディック プルムプゥアン
家族	keluarga クるゥアルガ
親戚	famili ファミり
いとこ	saudara sepupu サウダラ スプゥプゥ
甥／姪	keponakan クポナカン
友人	teman / kawan トゥマン ／カワン

182

分野別単語

恋人	pacar (パチャル)

国名

日本	Jepang (ジュパン)
韓国	Korea Selatan (コレア スラタン)
北朝鮮	Korea Utara (コレア ウタラ)
中国	Tiongkok / China (ティオンコック／チャイナ)
中華民国（台湾）	Republik China (Taiwan) (レプブリック チャイナ (タイワン))
フィリピン	Filipina (フィリピナ)
パラオ	Palau (パラウ)
ベトナム	Vietnam (フィエットナム)
ラオス	Laos (らオス)
カンボジア	Kamboja (カンボジャ)
タイ	Thailan (タイらン)
ミャンマー	Myanmar (ミャンマル)
バングラデシュ	Bangladesh (バんらデシュ)
インド	India (インディア)
マレーシア	Malaysia (マらイスィア)
シンガポール	Singapura (スィんガプラ)
ブルネイ	Brunei Darussalam (ブルゥネイ ダルゥサらム)
インドネシア	Indonesia (インドネスィア)
東ティモール	Timor Leste (ティモル れステ)
パプア・ニューギニア	Papua Nugini (パプゥア ヌゥギニ)
オーストラリア	Australia (アウゥストゥらリア)
アメリカ	Amerika (アメリカ)
オランダ	Belanda (ブらンダ)
ドイツ	Jerman (ジェルマン)
ヨーロッパ	Eropa (エロパ)
東南アジア	Asia Tenggara (アスィア トゥんガラ)
ASEAN（東南アジア諸国連合）	ASEAN (アセアン)

ホテル

アイロン	seterika (ストゥリカ)
ドライヤー	pengering rambut (プんグリん ラムブゥット)
テレビ	televisi (テれフィスィ)
電話	telepon (テれポン)
エアコン	AC (アーセー)
扇風機	kipas angin (キパス アンギン)
金庫	kas (カス)
冷蔵庫	kulkas (クゥるカス)
窓	jendela (ジュンデら)
シャワー	syawar (シャワル)
鏡	cermin (チュルミン)
タオル	handuk (ハンドゥック)
鍵	kunci (クゥンチ)
トイレ	WC (ウェーセー)
浴室	kamar mandi (カマル マンディ)
ホテル	hotel (ホテる)
民宿	losmen (ろスメン)

183

分野別単語

お金

お金	uang ウアン
紙幣	uang kertas ウアン クルタス
硬貨	uang logam ウアン ろガム
ルピア	rupiah ルゥピアハ
ドル	dolar ドラル
円	yen イェン
現金	uang tunai ウアン トゥナイ
両替	*money changer* マニー チェンジェル
為替レート	kurs クゥルス
クレジットカード	kartu kredit カルトゥ クレディット

持ち物

貴重品	barang bernilai / バラン ブルニらイ / barang berharga バラン ブルハルガ
財布	dompet ドムペット
パスポート	paspor パスポル
保険	asuransi アスゥランスィ
ビザ	visa フィサ
航空券	tiket pesawat ティケット プサワット
身分証明書	KTP カーテーペー
運転免許証	SIM スィム
デジタルカメラ	kamera digital カメラ ディジタる
めがね	kacamata カチャマタ
ハンカチ	sapu tangan サプゥ タンガン

ティッシュ	tisu ティスゥ
ウエットティッシュ	tisu basah ティスゥ バサハ
セーター	sweater スウエットゥル
サングラス	kacamata hitam カチャマタ ヒタム
帽子	topi トピ
レインコート、かっぱ	baju hujan バジュゥ フゥジャン
傘	payung パユゥん

食事

ワイン	anggur アングゥル
ビール	bir ビル
ジュース	jus ジュス
ミネラル・ウォーター	aqua アクゥア
コーヒー	kopi コピ
お茶	teh テヘ
お湯	air panas アイル パナス
ご飯	nasi putih ナスィ プゥティヒ
麺	mie ミ
オムレツ	telur dadar トゥるゥル ダダル
ゆで卵	telur rebus トゥるゥル ルブゥス
目玉焼き	telur mata sapi トゥるゥル マタ サピ
おかず	lauk-pauk らウック パウック
スープ	sop / sup ソプ ／スップ
魚	ikan イカン
肉	daging ダギん

日本語	インドネシア語	日本語	インドネシア語
鶏肉	daging ayam	宮殿	istana
牛肉	daging sapi	モスク	mesjid
豚肉	daging babi	教会	gereja
ヤギ肉	daging kambing	公園・庭園	taman
野菜	sayur	寺院	kuil
果物	buah-buahan	動物園	kebun binatang
バナナ	pisang	博物館	musium
パパイヤ	pepaya	タクシー	taksi
パッションフルーツ	markisa	列車	kereta api
ココナッツ	kelapa	自動車	mobil
砂糖	gula	オートバイ	sepeda motor
塩	garam		
コショウ	lada	**標識・看板**	
チリソース	sambal	入口	pintu masuk
スプーン	sendok	出口	pintu keluar
フォーク	garpu	危険	Awas!
箸	sumpit	禁煙	Dilarang merokok!
コップ	gelas	撮影禁止	Dilarang ambil foto!
コーヒーカップ	cangkir	立ち入り禁止	Dilarang masuk!
皿	piring	ゴミ捨て禁止	Dilarang buang sampah!
おわん	mangkok	駐車禁止	Dilarang parkir!
		注意	Perhatian!

観光

遺跡	peninggalan kuno
記念碑	monumen

ショッピング

営業中	Buka

185

分野別単語

準備中	Tutup
書店	toko buku
スーパー	pasar swalayan
デパート	toserba
売店	kios
薬局	apotek
お土産	oleh-oleh
扇子	kipas
背広	jas
ワイシャツ、襟付きのシャツ	kemeja
ブラウス	blus
スカート	rok
ネクタイ	dasi
靴下	kaus kaki
パンツ	celana
パジャマ	baju tidur
鞄	tas
指輪	cincin
ネックレス	kalung
イヤリング	anting-anting
ブローチ	bros
香水	minyak wangi
口紅	lipstik
マニキュア	kuteks
民芸品	kerajinan
くつ	sepatu
たばこ	rokok
絵はがき	kartu pos
眼鏡	kacamata
洗濯用洗剤	sabun cuci baju / detergen
食器用洗剤	sabun cuci piring
シャンプー	sampo
せっけん	sabun
歯ブラシ	sikat gigi
歯磨き粉	pasta / odol
生理用ナプキン	pembalut wanita
トイレットペーパー	tisu WC / tisu toilet
ほうき	sapu

サイズ・色

大きい	besar
小さい	kecil
長い	panjang
短い	pendek
白、白い	putih
黒、黒い	hitam
赤、赤い	merah
青、青い	biru

分野別単語

黄色、黄色の	kuning クゥニん
緑、緑色の	hijau ヒジャウゥ
オレンジ色、オレンジ色の	oranye オラニュ
紫、紫の	ungu ウゥんグゥ
桃色、桃色の	merah muda メラハ ムゥダ
紺、紺の	biru tua ビルゥ トゥア
水色、水色の	biru muda ビルゥ ムゥダ
灰色、灰色の	abu-abu アブゥ アブゥ
茶色、茶色の	cokelat チョクらット

郵便・電話

あて名	nama penerima ナマ プヌリマ
住所	alamat アらマット
切手	perangko プらンコ
書類	dokumen / surat ドクゥメン／スゥラット
はがき	kartu pos カルトゥ ポス
便せん	kertas surat クルタス スゥラット
封筒	amplop アムロップ
ポスト	kotak pos コタック ポス
郵便局	kantor pos カントル ポス
航空便	pos udara ポス ウゥダラ
船便	pos laut ポス らウット
小包	paket パケット
国際電話	telepon internasional テレポン イントゥルナスィオナる
携帯電話	HP ハーペー

充電器	charger チャルジャル
アプリ	aplikasi perangkat lunak アプリカスィ プらんカット るゥナック
動画	video フィデオ
ゲーム	permainan komputer / game プルマイナン コムプゥトゥル／ゲーム
SMS	SMS エスエムエス
SNS	SNS / layanan jejaring sosial エスエヌエス／らヤナン ジュジャリん ソスィアる

コンピュータ

コンピュータ	komputer コムプゥトゥル
ディスプレイ	monitor komputer モニトル コムプゥトゥル
キーボード	keyboard キーボルド
Eメール	E-mail イーメイる
WiFi（ワイファイ）	WiFi ワイファイ
ルーター	router ルトゥル
マウス	mouse マウス
プラグ変換器	adaptor / adaptor colokan アダプトル／アダプトル チョろカン
バッテリー	baterai バトゥライ
USB	USB ユエスビ
ケーブル	kabel カブる
電圧	tegangan listrik トゥガンガン りストゥリック

187

分野別単語

薬

日本語	インドネシア語	カタカナ
薬	obat	オバット
抗生剤	antibiotik	アンティビオティック
注射	suntik	スゥンティック
点滴	infus	インフゥス
予防接種	imunisasi	イムゥニサスィ
ばんそうこう	plester	プレステル
包帯	perban	プルバン
目薬	obat tetes mata	オバット テテス マタ
虫除けスプレー	obat nyamuk spray	オバット ニャムゥック スプレイ
日焼け止め	sunblock	サンブロック

身体部位

日本語	インドネシア語	カタカナ
足	kaki	カキ
頭	kepala	クパラ
腕	lengan	るんガン
顔	muka	ムゥカ
肩	bahu	バフゥ
関節	persendian	プルスンディアン
口	mulut	ムゥるウット
血液	darah	ダラハ
腰	pinggang	ぴんガン
尻	pantat	パンタット
背中	belakang	ブらカン
手	tangan	たンガン
喉	kerongkongan	クロんコんガン
歯	gigi	ギギ
鼻	hidung	ヒドゥん
腹	perut	プルット
耳	telinga	トゥりんガ
胸	dada	ダダ
目	mata	マタ
指	jari	ジャリ
首	leher	れヘル

症状

風邪、インフルエンザ	influenza	インフるゥエンサ
熱	demam	ドゥマム
肝炎	hepatitis	ヘパティティス
下痢	diare	ディアレ
骨折	patah tulang	パタハ トゥらン
食中毒	keracunan	クラチュゥナン
咳	batuk	バトゥック
打撲	luka dalam	るゥカ ダラム
ねんざ	keseleo	クスれオ
けが	luka	るゥカ
やけど	luka bakar	るゥカ バカル
貧血	anemia	アネミア
がん	kanker	カンクゥル
血圧	tekanan darah	トゥカナン ダラハ

分野別単語

月経	mens	メンス
妊娠	hamil	ハミる
便	air besar	アイル ブサル
尿	air kecil	アイル クチる

緊急

救急車	ambulan	アムブゥらン
医者	dokter	ドクトゥる
病院	rumah sakit	るゥマハ サキッt
外科医	dokter bagian bedah	ドクトゥる バギアン ブダハ
内科医	dokter bagian penyakit dalam	ドクトゥる バギアン プニャキッt ダらム
産婦人科医	dokter kandungan	ドクトゥる カンドゥんガン
耳鼻科医	dokter THT	ドクトゥる テーハーテー
歯科医	dokter gigi	ドクトゥる ギギ
眼科医	dokter mata	ドクトゥる マタ
血液型	golongan darah	ゴろんガン ダらハ

単語インデックス

A

abu-abu	灰色、灰色の
AC	エアコン
acara	行事、イベント、予定、（テレビの）番組
ada	ある、いる、持っている（→ berada, keberadaan, mengadakan）
adalah	〜である
adapto	プラグ変換器
adaptor colokan	プラグ変換器
adik	年下の兄弟、姉妹
adik laki-laki	弟
adik perempuan	妹
aduh	あ！
agak	やや
agama	宗教（→ beragama）
agar	〜するように
agar-agar	ゼリー
agenda	手帳、議事、日程
Agung	大きい、貴い、アグン（バリ人の人名）
Agustus	8月
air	水（→ pengairan）
air besar	便
air kecil	尿
air minum	飲料水
air panas	お湯
ajar	教える（→ belajar, mempelajari, mengajar, pelajar, pelajaran, pengajar）
akal	知恵、理屈
akan	〜だろう、〜について
akhir	終わり、末、最終的（→ berakhir）
akhir-akhir ini	最近
akibat	結果（→ mengakibatkan）
aku	僕、俺
alam	自然、天然の、世界（→ alami, mengalami, pengalaman）
alamat	住所
alami	経験する（語根：alam）
alkohol	アルコール
aman	安全な、治安がよい
amat	極めて、はなはだ（→ mengamati）
ambil	取る、撮る（→ mengambil, mengambilkan）
ambillah	取りなさい（ambilの命令形）
amboi	まあ！
ambulan	救急車
Amerika	アメリカ
amplop	封筒
anak	子ども
Anda	あなた(二人称単数、初対面や不特定の男女両性に対して)
Andi	アンディ（人名）
anemia	貧血
anggrek	蘭
anggur	ワイン
angin	風
angka	数
angkat	持ち上げる（→ berangkat, keberangkatan）
anjing	犬
Anjungan Tunai Mandiri	自動現金預け払い機（ATM）

単語インデックス

antar	（人を）送る（→ mengantarkan, antarkan）	ATM	自動現金預け払い機（→ Anjungan Tunai Mandiri）
antara	～の間	atur	整頓する（→ aturan, mengatur, peraturan）
antarkan	届ける、案内する（語根：antar）	aturan	決まり、規則、ルール（語根：atur）
anti	反～	aturan pakai	使用規則
antibiotik	抗生剤	Australia	オーストラリア
anting-anting	イヤリング	awas	危険
apa	何	ayah	父
apa saja	何でも	ayam	鶏
apa-apa	何々、何も	Ayu	アユ（人名）
apakah	～ですか、～かどうか		
apel	リンゴ		
aplikasi perangkat lunak	アプリ		

B

apotek	薬局	babi	豚
April	4月	baca	読む（→ bacaan, membaca, membacakan）
aqua	ミネラル・ウォーター	bacaan	読み物（語根：baca）
arah	方向、方角	badai	嵐
arloji	腕時計	badan	体、組織、庁、局、団体
artis	アーティスト	bagai	～のような、種類（→ berbagai）
asal	出身、生まれ、源、～さえすれば（→ barasal）	bagaimana	どのような、どのように
asam	酸、タマリンド、酸っぱい	bagasi	手荷物、（車の）トランク
ASEAN	ASEAN（東南アジア諸国連合）	bagi	～にとって、分ける、割る（→ bagian）
Asia	アジア	bagian	部分、部（語根：bagi）
Asia Tenggara	東南アジア	bagus	よい、立派な
asin	塩辛い	bahagia	幸せな
asinan	塩漬け、漬け物	bahan	材料、マテリアル
asing	外部の、見慣れない	bahasa	言語、～語（→ berbahasa）
aspal	アスファルト（→ pengaspalan）	bahu	肩
asuransi	保険	baik	よい（→ memperbaiki）
atap	屋根	baju	服、上着
atas	上	baju hujan	レインコート、かっぱ
atasan	上司	baju kaus	Tシャツ、ポロシャツ
atau	または	baju tidur	パジャマ

191

単語インデックス

bakar	焼く（→ kebakaran, terbakar）	bawahan	下級の、部下（語根：bawah）
bakso	肉団子、つみれ	bayar	支払う（→ membayar）
Bali	バリ（地名）	bebek	アヒル
bambu	竹	beberapa	いくらかの、いくつかの
bandara	空港	beda	差、違い（→ berbeda, perbedaan）
Bandung	バンドゥン（地名）	Bedugul	ブドゥグル（地名）
Bangladesh	バングラデシュ	begini	このように
bangsa	民族（→ kebangsaan）	begitu	そのように
bangun	起きる（→ membangun, membangunkan, terbangun）、建設する（→ bangunan）	bekas	痕、跡、中古
		bekerja	働く（語根：kerja）
		belajar	勉強する、学習する（語根：ajar）
bangunan	建物（語根：bangun）	belakang	後ろ、背中
banjir	洪水（→ keranjiran）	Belanda	オランダ
bank	銀行	beli	買う（→ kubeli, memberi, pembelian, terbeli）
bantu	手伝う（→ bantuan, pembantu）		
bantuan	支援（語根：bantu）	beliau	あの方（三人称単数、男女両性に対して）
banyak	たくさんの（→ kebanyakan）		
bapak	父	belum	まだ〜ない
Bapak	あなた（二人称単数、年上の男性に対して）	belum pernah	まだ〜したことがない
		benam	沈む（→ terbenam）
barang	物	benar	正しい（→ kebenaran）
barang berharga	貴重品	berada	滞在する（語根：ada）
barang bernilai	貴重品	beragama	宗教を信じる（語根：agama）
barangkali	おそらく、多分	berakhir	終わる（語根：akhir）
barat	西	berambut	毛が生えている、髪をしている（語根：rambut）
baru	新しい（→ memperbarui, terbaru）、したばかり		
		berangkat	出発する
baterai	バッテリー	berapa	いくら、いくつ
batu	石、岩	beras	米
batu merah	煉瓦	berasal	出身である（→ asal）
batu yang merah	赤い石	berat	重い
batuk	咳	berbagai	いろいろな（語根：bagai）
bawa	持っていく（→ membawa, terbawa）	berbahasa	〜語を話す（語根：bahasa）
bawah	下	berbeda	差がある、違う（語根：beda）
bawah umur	未成年	berbicara	話す（語根：bicara）

単語インデックス

bercakap	しゃべる（語根：cakap）	berpisah	別れる、分離する（語根：pisah）
bercakap-cakap	おしゃべりをする（語根：cakap）	berputar	回転する（語根：putar）
berdasi	ネクタイをする（語根：dasi）	bersama	一緒に（語根：sama）
berdaya	力がある（語根：daya）	bersatu	1つにまとまる、統一する（語根：satu）
berdiri	立つ（語根：diri）	bersepeda	自転車に乗る（語根：sepeda）
berdua	2つは、2つで、2人は、2人で（語根：dua）	bersepeda motor	バイクに乗る
bergembira	喜ぶ（語根：gembira）	bersih	清潔な、きれいな（→ membersihkan）
berhenti	止まる、止める、辞める（語根：henti）	bersihnya	清潔さ
beri	与える（→ memberi, memberikan）	bertambah	増える、増加する（語根：tambah）
beringin	ブリンギン（木の名前）	bertanya	質問する、尋ねる（語根：tanya）
berisi	入っている（語根：isi）	bertelur	産卵する（語根：telur）
beristirahat	休憩する（語根：istirahat）	bertemu	会う（語根：temu）
beristri	妻がいる、妻帯している（語根：istri）	bertindak	行動する（語根：tindak）
berita	ニュース、知らせ	bervariasi	バリエーションがある（語根：variasi）
berjalan	歩く（語根：jalan）	besar	大きい（→ besarnya, kebesaran）
berjalan kaki	徒歩で行く	besarnya	大きさ（語根：besar）
berkacamata	眼鏡をかけている（語根：kacamata）	besok	明日
berkali-kali	何度も（語根：kali）	betina	雌
berkeluarga	家族がある（語根：keluarga）	betul	正しい、本当である（→ kebetulan）
berkemeja	シャツを着る（語根：kemeja）	biasa	普通
berkumpul	集まる（語根：kumpul）	biasanya	普通、普段、通常（語根：biasa）
berkurang	減る、減少する（語根：kurang）	biaya	費用
berlaku	有効である（語根：laku）	bicara	話す（→ berbicara, pembicara, pembicaraan）
berlatih	練習する（語根：latih）	bidang	分野、部門
berlian	ダイアモンド	biji	種
bermacam-macam	いろいろな種類の（語根：macam）	bincang	トーク、おしゃべり（→ memperbincangkan）
bermain	遊ぶ、〜を演奏する（語根：main）	bintang	星
berobat	治療する（語根：obat）	bintang film	映画スター
berolahraga	運動する（語根：olah raga）	bir	ビール

193

単語インデックス

biru	青、青い
biru muda	水色、水色の
biru tua	紺、紺の
bisa	〜できる
Blok M	ブロックM（地名）
blus	ブラウス
Bogor	ボゴール（地名）
boleh	〜してもよい
Borobudur	ボロブドゥール（遺跡名）
bosan	飽きる、うんざりする
botol	瓶
Brunei Darussalam	ブルネイ
bros	ブローチ
buah	果物、実（→ buah-buahan）；（助数詞）〜個、〜軒、〜台など
buah-buahan	果物類、いろいろな果物（語根：buah）
buang	捨てる
buat	作る（→ buatan, membuat, membuatkan）
buatan	〜製（語根：buat）
budaya	文化
buka	開ける、脱ぐ（→ membuka, membukakan）
Buka	営業中（店舗の札、張り紙などで）
bukan	〜ではない（名詞の否定）
buku	本
bulan	月（→ bulanan）
bulan Agustus	8月
bulan April	4月
bulan Desember	12月
bulan Februari	2月
bulan Januari	1月
bulan Juli	7月
bulan Juni	6月
bulan Maret	3月
bulan Mei	5月
bulan November	11月
bulan Oktober	10月
bulan September	9月
bulanan	月単位、月例（語根：bulan）
bundar	丸い（→ bundaran）
bundaran	ロータリー（語根：bundar）
bunga	花
bungkus	包む
buntut	テール、最後尾
bunyi	音
buru-buru	急いで（→ terburu-buru）
burung	鳥
bus	バス
busuk	腐る、腐った
butir	粒

C

cabang	枝、支店、支社
cabut	抜く（→ mencabut, mencabuti）
cah	炒め、炒める
cakap	話（→ bercakap, bercakap-cakap, percakapan）
candi	寺院
canggih	先端的な
cangkir	ティーカップ、コーヒーカップ、カップ
cantik	美しい（→ cantiknya, kecantikan）
cantiknya	美しさ（語根：cantik）
capai	疲れる、達する
caranya	その方法
cari	探す（→ mencari, mencarikan）
cat	ペンキ、塗る（→ mengecat）

cegah	防ぐ（→ pencegahan）	
celana	パンツ	
cepat	早い、速い（→ kecepatan, secepatnya）	
cerah	晴れ	
cerita	話	
cermin	鏡	
charger	充電器	
China	中国	
cinicin	指輪	
cium	（においを）嗅ぐ、キスをする（→ mencium, menciumi）	
coba	試す	
Coca-Cola	コカ・コーラ	
coffee shop	喫茶店	
coklat	茶色、茶色の	
cuci	洗う（→ mencuci, tercuci）	
cucian	洗濯物	
cukup	充分である、充分に	
curi	盗む（→ kecurian, pencuri）	
curiga	疑う、怪しむ	
cuti	休暇	

D

daag	バイバイ	
dada	胸	
daerah	地方、地域	
dagang	商売（→ pedagang）	
daging	肉	
daging ayam	鶏肉	
daging babi	豚肉	
daging kambing	ヤギ肉	
daging sapi	牛肉	
dalam	中、〜で（→ memperdalam）	
dan	〜と〜、そして、また	
dana	資金	
danau	湖	
dangdut	ダンドゥッ（インドネシアの大衆音楽）	
dapat	できる、得る（→ mendapat, pendapat, pendapatan, terdapat）	
darah	血液	
dari	〜から	
daripada	〜よりも	
dasi	ネクタイ（→ berdasi）	
datang	来る（→ kedatangan, mendatangi, mendatangkan）	
daya	パワー（→ berdaya）、力	
DBD	デング熱（→ Demam Berdarah Dengue）	
debat	ディベート（→ memperdebatkan, perdebatan）	
dekat	近い（→ mendekati, mendekatkan）	
demam	熱	
Demam Berdarah Dengue	デング熱（DBD）	
demi	〜のため	
dengan	〜で、〜と、〜とともに	
dengar	聞く（→ kedengaran, mendengar, mendengarkan, terdengar）	
Denpasar	デンパサール（地名）	
depan	前、（時間的に）〜後	
desa	村	
Desember	12月	
detik	秒	
di	〜で、〜に	
dia	彼、彼女（三人称単数）	
diadakan	行われる（mengadakan「行う」の受動態形）	
diare	下痢	

単語インデックス

dibeli	買われる（membeli「買う」の受動態形）
dibelinya	彼（彼女）によって買われる
dibuat	作られる（membuat「作る」の受動態形）
dicuci	洗われる（mencuci「洗う」の受動態形）
didik	教育する（→ pendidik, pendidikan）
digital	デジタル
diimpor	輸入される（mengimpor「輸入する」の受動態形）
dilarang	禁じられる（melarang「禁じる」の受動態形）
dilarang ambil foto	撮影禁止
dilarang buang sampah	ゴミ捨て禁止
dilarang masuk	立ち入り禁止
dilarang merokok	禁煙
dilarang parkir	駐車禁止
dimakan	食べられる（makan の受動態形）
dinas	公務、出張
dingin	寒い、冷たい（→ kedinginan）
dipanggil	呼ばれる（memanggil「呼ぶ」の受動態形）
diri	自己（→ berdiri, mendirikan, pendirian, terdiri）
disenangi	好まれる（menyenangi「好む」の受動態形）
ditemukan	発見される（menemukan「発見する」の受動態形）
ditunggu	待たれる（menunggu「待つ」の受動態形）
diutamakan	優先される（mengutamakan「優先する」の受動態形）
dokter	医師
dokter bagian bedah	外科医
dokter bagian penyakit dalam	内科医
dokter gigi	歯科医
dokter kandungan	産婦人科医
dokter mata	眼科医
dokter THT	耳鼻科医
dokumen	ドキュメント、書類
dolar	ドル
dompet	財布
dongen	おとぎ話
dua	2（→ berdua, kedua, seperdua）
duduk	座る（→ pendudukan）
duduklah	座りなさい（duduk の命令形）
dunia	世界
durian	ドリアン（果物の名前）
duta	大使、使節（→ kedutaan）

E

efek	効果、作用
Eka	エカ（人名）
ekonomi	経済
ekor	尾、しっぽ；（動物を数える助数詞）〜尾、〜匹、〜頭、〜羽
ekspor	輸出（→ mengekspor）
E-mail	E メール
emas	金（ゴールド）、金色、金色の
empat	4（→ perempatan, seperempat）
empuk	やわらかい
enak	おいしい
enam	6
engkau	君（二人称単数、男女両性に対して）
erat	緊密な、密接な
Eropa	ヨーロッパ
es	氷、冷たい、アイス
es teh	アイスティー

単語インデックス

esai	エッセイ

F

fakultas	学部
famili	親戚
fans	ファン
Februari	2月
Filipina	フィリピン
film	映画
formulir	書式
foto	写真
fotocopy	コピー

G

gagah	雄々しい
gajah	象
Gajah Mada	ガジャ・マダ（人名）
gaji	給料
gambar	絵、図、写真（→ tergambar）
Gambir	ガンビル（地名、駅名）
game	ゲーム
gang	路地
gantung	ぶら下がる（→ tergantung）
garam	塩
garasi	ガレージ、車庫
garpu	フォーク
Garuda	ガルーダ（鳥の名前、インドネシアの航空会社名）
gedung	ビル、建物
gelap	暗い
gelas	グラス、コップ
gembira	うれしい（→ bergembira）
gemuk	太い、太った

gereja	教会
geser	ずらす
gigi	歯
gigit	噛む（→ tergigit）
golf	ゴルフ
golongan darah	血液型
goreng	（油で）揚げる（→ menggoreng）
gorengan	揚げ物
gosok	磨く（→ menggosok）
gula	砂糖（→ menggulai）
guna	用途、効用（→ penggunaan）
gunting	ハサミ（→ menggunting）
gunung	山
guru	教師、先生
guruh	雷、雷鳴

H

habis	終わり、終わる、使い切って無くなる
hadap	前面、前（→ terhadap）
hadiah	プレゼント、景品
hak	権利
hal	事、事柄
halal	ハラール、イスラム教が許している
halaman	庭、ページ
halte	バス停、停留所
hamil	妊娠
Hand Phone	携帯電話（HP）
Handoyo	ハンドヨ（人名）
handuk	タオル
harga	値段、価格
harga barang	物価
hari	日、曜日
harian	日単位
hari Jumat	金曜日

197

単語インデックス

hari Kamis	木曜日
hari Minggu	日曜日
hari Rabu	水曜日
hari Sabtu	土曜日
hari Selasa	火曜日
hari Senin	月曜日
harum	かぐわしい、香ばしい、香りがよい
harus	〜しなければならない（→ keharusan）
hasil	成果、結果
hati	心、胸、肝臓、肝（→ hati-hati, memperhatikan, perhatian）
hati-hati	気をつけて（語根：hati）
Hendrik	ヘンドゥリック（人名）
henti	止まる（→ berhenti, perhentian）
hepatitis	肝炎
hewan	動物
hidung	鼻
hidup	生きる、生活する（→ menghidupkan）
hijau	緑、緑の
hilang	なくなる、消える（→ kehilangan）
hitam	黒、黒い
hormat	敬う（→ menghormati）
hotel	ホテル（→ perhotelan）
HP	携帯電話（→ Hand Phone）
hubung	つながる、縛る、結ぶ（→ hubungan, menghubung）
hubungan	関係（語根：hubung）
hujan	雨（→ kehujanan）

I

ia	彼、彼女（三人称単数）
ibu	母
Ibu	あなた（二人称女性単数、年上の女性に対して）
idola	アイドル
Idul Fitri	断食月明けの大祭、イドゥル・フィットゥリ
ikan	魚（← perikanan）
imigrasi	入管
impor	輸入（→ mengimpor）
imunisasi	予防接種
inap	泊まる（→ menginap, penginapan）
indah	（風景などが）美しい
India	インド
Indonesia	インドネシア
Indonesia Raya	インドネシア・ラヤ（イドネシア国歌）
influenza	風邪、インフルエンザ
informasi	情報、インフォメーション
infus	点滴
ingat	覚えている、思い出す（→ memperingati）
Inggris	英国（bahasa Inggris「英語」）
ingin	〜したい、望む
ini	これ、この、こちら
injak	踏む、踏みつける、踏み入れる（→ terinjak）
iPad	iPad
IPB	ボゴール農科大学
isi	内容、中身（→ berisi, mengisi）
Islam	イスラーム
istana	宮殿
isteri	→ istri
istirahat	休憩、休息、休養（→ beristirahat）
istri (isteri)	妻（→ beristri, memperistri）
itu	あれ、あの、それ、その

単語インデックス

J

jadi	なる、完成した、だから
jahit	縫う
jahitan	縫い方、縫製
Jakarta	ジャカルタ（都市名）
Jakarta Convention Center	ジャカルタ コンベンション センター（JCC）
jaksa	検事（→ kejaksaan）
jalan	道、通り（Jl.）（→ berjalan, perjalanan）
jalanan	道路
jam	時計、〜時、時間
jam tangan	腕時計
jambu	グアバ
jangan	〜しないで、〜するな
jantan	雄
Januari	1月
jarang	めったにない、まれ、密ではなくまばらな
jari	指
jas	背広、スーツ
jasa	サービス業、功績
jatuh	落ちる、転ぶ（→ menjatuhi, terjatuh）
jauh lebih	はるかに〜
Jawa	ジャワ（地名、民族名）
jawab	答え、〜と答えた
jawaban	答え、解答、回答
Jaya Wijaya	ジャヤ・ウィジャヤ（山名）
JCC	ジャカルタ コンベンション センター（→ Jakarta Convention Center）
jebak	罠（→ terjebak）
jelek	（外見などが）悪い、不細工な
jeleknya	不細工
jemput	出迎える、迎えに行く（→ menjemput）
jendela	窓
Jepang	日本
Jerman	ドイツ
jeruk	みかん
jingga	茜色、茜色の
Jl.	〜通り（Jalan の省略形）
Joko	ジョコ（男性人名）
jual	売る、販売する（→ jualan, menjual, penjualan）
jualan	物売りをする（語根：jual）
juang	闘う
judo	柔道（→ pejudo）
Juli	7月
Jumat	金曜日
Juni	6月
jurusan	学科、方面
jus	ジュース
juta	100万の位
jutaan	数百万の

K

kabar	知らせ、ニュース
kabel	ケーブル
kacamata	眼鏡（→ berkacamata）
kacamata hitam	サングラス
kacang	豆
kacang goreng	油で揚げた豆
kadang-kadang	時々
kado	贈り物、プレゼント
kafe	カフェ、喫茶店
kakak	年上の兄弟、姉妹
kakak laki-laki	兄

単語インデックス

kakak perempuan	姉
kakek	祖父
kaki	足
kalangan	層
kalau	もしも、仮に
kaleng	缶
kali	回、〜倍、川（→ berkali-kali, sekali）
kalian	君たち（二人称複数、男女両性に対して）
kalung	ネックレス
kamar	部屋
kamar mandi	浴室
kamar tidur	寝室
kambing	山羊
Kamboja	カンボジア
kamera	カメラ
kamera digital	デジタルカメラ
kami	私たち（一人称複数、男女両性に対して、話し相手を含まない）
Kamis	木曜日
kampung	村、田舎、集落
kamu	君（二人称単数、男女両性に対して）
kamus	辞書
Kancil	カンチル（物語の主人公で知恵がはたらく動物）、ジャワマメジカ
kandung	実の、袋（→ mengandung）
kangkung	空芯菜
kanker	がん
kantin	（学校、職場などの）食堂
kantor	オフィス、会社
kantor cabang	支店、支社
kantor pos	郵便局
kantou pusat	本社
kapal	船
kapan	いつ
karang	作文（→ mengarang）
karangan	作文
karena	〜なので、なぜならば
kartu	カード
kartu kredit	クレジットカード
kartu pos	絵はがき
Kartu Tanda Penduduk	身分証明書（KTP）
kartu telepon	テレフォンカード
karyawan	従業員
kas	金庫
kasih	愛情
Kasim	カシム（男性人名）
katanya	〜だそうだ
kaus kaki	靴下
kawan	友人
kawin	結婚する
kaya	金持ちの、豊かな
kayu	木（建材などとしての木）
ke	〜へ
kebakaran	火事、火災（語根：bakar）
kebangsaan	民族（語根：bangsa）
kebanjiran	洪水にやられる（語根：banjir）
kebanyakan	大部分、おおかた、多すぎる（語根：banyak）
kebenaran	真理、正しさ、真実（語根：benar）
keberadaan	存在（語根：ada）
keberangkatan	出発（語根：angkat）
kebesaran	偉大さ、栄光（語根：besar）
kebetulan	偶然（語根：betul）
kebun	畑（→ perkebunan）
kebun binatang	動物園
kecantikan	美容（語根：cantik）
kecepatan	速さ、速度（語根：cepat）

単語インデックス

kecewa	がっかりする、失望する	kematangan	熟しすぎる（語根：matang）
kecil	小さい（→ kecilnya）	kematian	死、死亡、死なれる（語根：mati）
kecilnya	小ささ（語根：kecil)	kemauan	意思（語根：mau）
kecuali	以外に	kembali	戻る
kecurian	盗まれる、盗られる（語根：curi）	kemeja	ワイシャツ、襟付きのシャツ（→ berkemeja）
kedatangan	到着、来訪（語根：datang）	kemenangan	勝利（語根：menang）
kedengaran	聞こえる、聞かれる（語根：kedengar）	kemerah-merahan	赤みがかった（語根：merah）
kedinginan	寒さ（語根：dingin）、寒さに凍える	kemerdekaan	独立（語根：merdeka）
kedua	二番目の、第二の（語根：dua）	kemungkinan	可能性、見込み（語根：mungkin）
kedutaan	公使館（語根：duta）	kena	あたる、やられる
kedutaan besar	大使館	kenaikan	上昇（語根：naik）
keharusan	義務（語根：harus）	kenal	知っている（→ memperkenalkan, terkenal）
kehilangan	失う、紛失、損失（語根：hilang）	kenalan	知り合い、知人（語根：kenal）
kehujanan	雨に降られる（語根：hujan）	kenang	～と思い出を語る
kejaksaan	検察庁（語根：jaksa）	kenang-kenangan	思い出（語根：kenang）
kejut	びっくりする（→ terkejut）	kenapa	なぜ
kelahiran	生まれ、出生（語根：lahir）	kenyataan	現実、事実（語根：nyata）
kelapa	椰子、ココナッツ	kepada	（人に対して）～へ
kelaparan	餓え、飢餓、餓えに苦しむ（語根：lapar）	kepagian	（約束等の時間について）早すぎる（語根：pagi）
kelas	クラス、教室	kepala	頭
kelihatan	見える、目に入る、見られる（語根：lihat）	kepala bagian	部長
kelima	五番目の、第五の	kepentingan	利害、権益（語根：penting）
keluar	出る（語根：luar）	keponakan	甥、姪
keluarga	家族（→ berkeluarga）	kepribadian	個性、人格（語根：pribadi）
kemacetan	渋滞（語根：macet）	keputusan	決定（語根：putus）
kemalaman	思わず夜遅くなる（語根：malam）	keracunan	食中毒
kemarin	昨日	kerajaan	王国（語根：raja）
kemarin dulu	一昨日	kerajinan	民芸品
kemasukan	入れられる（語根：masuk）		

単語インデックス

keras	固い、(音や声などが) 大きい	kirim	送る (→ mengirim)
kereta api	列車	kita	私たち (話し相手を含む)
kereta listrik	電車	kobokan	フィンガーボール (食事の時に指先を洗うための水を入れる容器)
kering	乾いた (→ pengering)		
kerja	仕事 (→ bekerja, mempekerjakan, pekerja)	koki	コック
		kolam	池
kerongkongan	喉	koma	小数点、点
kertas	紙	komputer	コンピュータ
kertas surat	便箋	kondisi	状態
kerugian	損害、損失 (語根：rugi)	kopi	コーヒー
kesatuan	単一性、一体性、1つのまとまり (語根：satu)	kopor	スーツケース
		koran	新聞
kesehatan	健康 (語根：sehat)	Korea Selatan	韓国
keselamatan	安全 (語根：selamat)	Korea Utara	北朝鮮
keseleo	ねんざ	kosmetik	化粧品
kesiangan	寝坊する (語根：siang)	kota	市、街 (→ perkotaan)
kesimpulan	結論 (語根：simpul)	kotak	箱
ketahuan	知られる、ばれる (語根：tahu)	kotak pos	ポスト
		kotor	汚い (→ kotornya)
ketiga	三番目の、第三の	kotornya	汚さ (語根：kotor)
ketika	～の時	krem	クリーム
ketinggalan	置き忘れる、取り残される、遅れる (語根：tinggal)	KTP	身分証明書 (→ Kartu Tanda Penduduk)
ketinggian	高いところ (語根：tinggi)	kuat	強い、丈夫な
ketua	会長、長 (→ mengetuai)	kubeli	僕が買う (語根：beli)
keyboard	キーボード	kucing	猫
khas	独特の、特有の	kue	お菓子
khawatir	心配する、不安である	kue bolu	蒸し菓子、スポンジケーキ
kilo	キロ (重さ、長さ)	kuil	寺院
kilogram	キログラム	kuliah	講義
Kintamani	キンタマニ (地名)	kulit	皮、皮膚
kios	売店	kulkas	冷蔵庫
kipas	扇子	kumpul	集まる (→ berkumpul)
kipas angin	扇風機	kunci	鍵
kira	思う、考える (→ kira-kira)	kuning	黄色、黄色の
kira-kira	だいたい (語根：kira)		

kurang	足りない、あまり～ではない（→ berkurang）	lapangan	広場（語根：lapang）、（仕事の）現場
kurs	為替レート	lapar	空腹な（→ kelaparan）
kursi	椅子	lapor	報告する、報告（→ laporan）
kursus	講座	laporan	報告、報告書、レポート（語根：lapor）
kurus	痩せている	larang	禁止する（→ terlarang）
Kuta	クタ（地名）	latih	練習、訓練（→ latihan, berlatih, melatih）
kuteks	マニキュア	latihan	練習、訓練（語根：latih）
		lauk-pauk	おかず
		layan	仕える、もてなす、応対する（語根のみで用いることはまれ）（→ pelayanan）

L

laci	引き出し	layanan jejaring sosial	SNS
lada	コショウ	layar	スクリーン
ladang	畑	lebat	激しい
lagi	再び、また、～しているところ（sedang の口語的用法）	lebih	（比較）～より
lagu	歌	leher	首
lahir	生まれる（→ kelahiran）	lembar	枚
lain	他の、別の	lengan	腕
laki-laki	男	lengkap	完備している、すべて整っている
laku	売れる（→ berlaku）、行動（→ melakukan）	letak	位置（→ terletak）
lalu	それから、去る、通る（→ terlalu）	lewat	過ぎる、通過する、通る
lalu lintas	交通	lezat	おいしい
lama	（時間的に）長い	libur	休み、休日（→ liburan）
lambat	遅い（→ terlambat）	liburan	休暇（語根：libur）
lampu	照明、信号	lidah	舌
lancar	流暢な	lihat	見る（→ kelihatan, melihat, memperlihatkan, penglihatan, terlihat）
langgan	定期的に利用する（語根のみで用いることはまれ）（→ pelanggan）	lima	5
langganan	ひいき、購読（語根：langgan）	lingkungan	環境
langit	空	lingkungan hidup	生活環境
Lani	ラニ（女性人名）	lipstik	口紅
Laos	ラオス	lompat	飛ぶ、跳ねる（→ melompati）
lapang	広い（→ lapangan）		

単語インデックス

losmen	民宿
lotion	ローション
luar	外、出る（→ keluar）
luar negeri	外国
luas	広い（→ memperluas）
luka	けが
luka bakar	やけど
luka dalam	打撲
lukis	描く（→ lukisan, melukis, pelukis）
lukisan	絵画（語根：lukis）
lulus	合格する、卒業する
lumayan	まあまあ
lunak	柔らかい
lupa	忘れる
lusa	明後日

M

maaf	ゆるし
maafkan	ゆるす
mabuk	酔う（→ pemabuk）
macam	種類（→ bermacam-macam）
macet	渋滞する、滞る（→ kemacetan）
mahal	（値段が）高い（→ mahalnya, termahal）
mahalnya	（値段の）高さ（語根：mahal）
mahasiswa	大学生
main	遊ぶ（→ bermain）
majalah	雑誌
maju	進む、前進する
makan	食べる、食事をとる（→ makanan, termakan）
makan malam	夕食をとる、夕食
makan pagi	朝食をとる、朝食
makan siang	昼食をとる、昼食
makanan	食べ物（語根：makan）
mal	モール
malam	夜（→ kemalaman）
malas	怠惰な
Malaysia	マレーシア
malu	恥ずかしい、恥
mampir	立ち寄る
mana	どこ
mana-mana	どこでも
mandi	水浴びする
mangga	マンゴー
manggis	マンゴスチン
mangkok	おわん
manis	甘い、かわいい（→ manisan）
manisan	甘漬け（語根：manis）
manusia	人間
marah	怒る
Maret	3月
mari	～しましょう
Maria	マリア（女性人名）
markisa	パッションフルーツ
masa	時、期間、時代
masak	料理する（→ masakan, memasak）
masakan	料理（語根：masak）
masalah	問題
masih	まだ～
masuk	入る（→ kemasukan, memasuki, memasukkan, termasuk）
masuk angin	風邪をひく
masyarakat	社会、地元住民、世間の人々
mata	目
matahari	太陽
matang	熟した（→ kematangan）
mati	（主に動物に対して）死ぬ（→ kematian）、（照明など）消える（→ mematikan）

単語インデックス

mau	欲しい、〜したい（→ kemauan）
Mei	5月
meja	机
meja makan	食卓
melakukan	〜を行う、〜をする（語根：laku）
melatih	訓練する（語根：latih）
melihat	見る（語根：lihat）
melompati	〜を飛び越える（語根：lompat）
melukis	描く（語根：lukis）
memakai	使う、着る（語根：pakai）
memanas	熱くなる、温暖化する（→ memanaskan）
memanaskan	熱くする（語根：memanas）
memandang	眺める（語根：pandang）
memanggil	呼ぶ（語根：panggil）
memasak	料理する（語根：masak）
memasang	設置する、取り付ける、設定する（語根：pasang）
memasuki	入る（語根：masuk）
memasukkan	入れる（語根：masuk）
mematikan	消す（語根：mati）
membaca	読む（語根：baca）
membacakan	読んであげる、声を出して読み上げる、朗読する（語根：baca）
membangun	建てる（語根：bangun）
membangunkan	起こす（語根：bangun）
membawa	持つ、運ぶ（語根：bawa）
membayar	支払う（語根：bayar）
membeli	買う（語根：beli）
memberi	与える（語根：beri）
memberikan	与える、あげる（語根：beri）
membersihkan	きれいにする、掃除をする（語根：bersih）
membuat	作る（語根：buat）
membuatkan	作ってあげる（語根：buat）
membuka	開ける（語根：buka）
membukakan	開けてあげる（語根：buka）
memerintah	命じる（語根：perintah）
memerlukan	必要とする（語根：perlu）
memesan	注文する、予約する（席、チケットなど）（語根：pesan）
memilih	選ぶ（語根：pilih）
memiliki	所有する（語根：milik）
meminjam	借りる（語根：pinjam）
meminjamkan	貸す（（語根：pinjam）
memotong	切る（語根：potong）
mempekerjakan	働かせる、雇用する（語根：kerja）
mempelajari	研究する、勉強する（語根：ajar）
memperbaiki	修理する、修繕する（語根：baik）
memperbarui	更新する（語根：baru）
memperbincangkan	議論する（語根：bincang）
memperdalam	深める、研究する（語根：dalam）
memperdebatkan	ディベートをする（語根：debat）
memperhatikan	注意する、気をつける（語根：hati）
memperingati	記念する（語根：ingat）
memperistri	妻にする（語根：istri）
memperjuangkan	闘う（語根：juang）
memperkenalkan	紹介する（語根：kenal）
memperlihatkan	見せる（語根：lihat）
memperluas	広くする、拡張する（語根：luas）

205

単語インデックス

memperpanjang 延長する（語根：panjang）
mempersatukan 統一する（語根：satu）
mempersoalkan 問題にする（語根：soal）
mempertunjukkan 上演する（語根：tunjuk）
memuaskan 満足させる（語根：puas）
memukul 叩く、殴る（語根：pukul）
memukuli 何度も叩く、何度も殴る（語根：pukul）
memutar 回す（語根：putar）
menaiki 登る（語根：naik）
menamai 名付ける（語根：nama）
menanbung 蓄える（語根：tabung）
menang 勝つ（→ kemenangan）
menarik 引く（語根：tarik）
mencabut 引き抜く、むしる（語根：cabut）
mencabuti 何度もむしる、次々に抜きとる（語根：cabut）
mencari 探す（語根：cari）
mencarikan 探してあげる、探してやる（語根：cari）
mencium キスする、臭いを嗅ぐ（語根：cium）
menciumi 何度もキスをする（語根：cium）
mencuci 洗う（語根：cuci）
mendapat 得る（語根：dapat）
mendatangi 訪問する（語根：datang）
mendatangkan もたらす（語根：datang）
mendekati ～に近寄る（語根：dekat）
mendekatkan 近づける（語根：dekat）
mendengar 聞く（語根：dengar）
mendengarkan 注意深く聞く（語根：dengar）
mendirikan 建てる、設立する（語根：diri）

mendung 曇り
menelepon 電話をかける（語根：telepon）
menemukan 発見する、見つける（語根：temu）
menepati 守る（規則や時間など）（語根：tepat）
menerima 受け取る（語根：terima）
mengadakan 行う、開催する（語根：ada）
mengajar 教える（語根：ajar）
mengakibatkan 結果として引き起こす（語根：akibat）
mengalami 経験する（語根：alam）
mengamati 観察する（語根：amat）
mengambil （物、休暇、写真などを）とる（語根：ambil）
mengambilkan とってやる、とってあげる（語根：ambil）
mengandung 含有する（語根：kandung）
mengantarkan 届ける、案内する（語根：antar）
mengapa なぜ
mengarang 作文をする（語根：karang）
mengatur 整える（語根：atur）
mengecat ペンキを塗る（語根：cat）
mengekspor 輸出する（語根：ekspor）
mengepak 梱包する（語根：pak）
mengetuai 会長になる（語根：ketua）
menggoreng 油で揚げる（語根：goreng）
menggosok 磨く（語根：gosok）
menggulai 砂糖を加える（語根：gula）
menggunting ハサミで切る（語根：gunting）
menghidupkan 点ける（電気など）、生命を与える（語根：hidup）

単語インデックス

menghormati	敬意をはらう、尊敬する、尊重する（語根：hormat）
menghubungi	連絡する（語根：hubung）
mengimpor	輸入する（語根：impor）
menginap	泊まる、宿泊する（語根：inap）
mengirim	送る（語根：kirim）
mengisi	（中身を）入れる、詰める、記入する（語根：isi）
mengobati	治療する（語根：obat）
mengulangi	繰り返す（語根：ulang）
mengungsi	避難する（語根：ungsi）
mengutamakan	主とする、重んじる、優先する（語根：utama）
meninggal	死ぬ（語根：tinggal）
meninggalkan	～をあとにする（語根：tinggal）
menit	分
menjadi	～になる
menjatuhi	～に落とす、～に（判決を）下す（語根：jatuh）
menjemput	迎える（語根：jemput）
menjual	売る（語根：jual）
menonton	観る（テレビや映画など）（語根：tonton）
mens	月経
menukar	交換する（語根：tukar）
menulis	書く（語根：tulis）
menunggu	待つ（語根：tunggu）
menurut	～によると（語根：turut）
menyapa	声をかける、話しかける（語根：sapa）
menyapu	ほうきで掃く（語根：sapu）
menyediakan	用意する、提供する（語根：sedia）
menyegarkan	リフレッシュする（語根：segar）
menyekolahkan	学校に入れる（語根：sekolah）
menyelesaikan	終える、終わらせる（語根：selesai）
menyemut	群がる（語根：semut）
menyetujui	～に賛成する（語根：tuju）
menyewa	借りる（語根：sewa）
menyewakan	貸す（語根：sewa）
menyimpan	片付ける、しまう（語根：simpan）
menyumbang	寄付する（語根：sumbang）
merah	赤、赤い（→ kemerah-merahan）
merah muda	桃色、桃色の
merdeka	独立している（→ kemerdekaan）
merek	ブランド、商標
mereka	彼ら、彼女ら（三人称複数）
merokok	タバコを吸う（語根：rokok）
merupakan	である（語根：rupa）
mesin	機械
mesjid	モスク
meter	メートル
mewabah	広く発生する（病気）（語根：wabah）
mewah	豪華な
mie	麺
milik	所有、所有物（→ memiliki）
milyar	10億
minggu	週（→ mingguan）
Minggu	日曜日
mingguan	週刊（語根：minggu）
minta	乞う
minum	飲む（→ minuman, peminum）
minuman	飲み物（語根：minum）

207

単語インデックス

minuman keras	お酒
minyak wangi	香水
mitra	パートナー
mobil	車、自動車
mobil-mobilan	おもちゃの自動車
mode	モード
model	モデル、デザイン
money changer	両替所、両替
monitor komputer	ディスプレイ
monumen	モニュメント、記念碑
motor	バイク、モーター
mouse	マウス
muda	若い（→ pemuda）
muka	顔
mulai	始まる、し始める
mulut	口
mundur	バックする、後退する
mungkin 多分、おそらく（→ kemungkinan）	
murah	安い（→ murahnya）
murahnya	安さ（語根：murah）
murid	生徒
musik	音楽（→ pemusik）
musik klasik	クラシック音楽
musim	季節（→ musiman）
musim dingin	冬
musim gugur	秋
musim hujan	雨期
musim kemarau	乾期
musim panas	夏
musim semi	春
musiman	季節性（語根：musim）
musisi	ミュージシャン
musium	博物館
Myanmar	ミャンマー

N

nah	そこで
naik	乗る、登る、上がる（→ kenaikan, menaiki）
nakal	いたずらな
nama	名前（→ menamai）
nama penerima	あて名、受取人名
nanas	パイナップル
nasi	ご飯
nasi goreng	焼き飯、チャーハン
nasi putih	ご飯
nasional	国家的、ナショナル、民族的、国民的
nastar	パイナップルクッキー
Natal	クリスマス
negara	国家
negeri	国
nenek	祖母
ngeri	ぞっとする
nikah	結婚、婚姻（→ pernikahan）
Nita	ニタ（人名）
nomor	番号
Nona	あなた（二人称単数、未婚の若い女性に対して）
November	11月
nya	彼の、彼女の（dia の所有形）
nyamuk	蚊
nyata	明らかな（→ kenyataan）
Nyonya	あなた（二人称単数、外国人既婚女性に対して）、夫人

単語インデックス

O

obat	薬（→ berobat, mengobati）
obat nyamuk spray	虫除けスプレー
obat tetes mata	目薬
obat-obatan	薬品
odol	歯磨き粉
Oktober	10月
olahraga	運動（→ berolahraga）
oleh	～によって
oleh-oleh	お土産
oma	祖母
ombak	波
opa	祖父
orang	人（→ orang-orangan）
orang asing	外国人
orang tua	両親
orang yang asing	部外者
orang yang tua	年老いた人、老人
orang-orangan	案山子、人形（語根：orang）
oranye	オレンジ色、オレンジ色の
organik	オーガニック

P

pabrik	工場
pacar	恋人
pacarnya	彼（彼女）の恋人
pada	～に
pagi	朝（→ kepagian, pagi-pagi）
pagi-pagi	朝早く（語根：pagi）
pahit	苦い
pahlawan	英雄
pajak	税
pak	包装（→ mengepak）
Pak	Bapakの短縮形、呼びかける時に使う
pakai	使う、着る（→ memakai, pakaian, pemakaian, terpakai）
pakaian	衣服（語根：pakai）
paket	小包
paksa	強引に（→ terpaksa）
Palau	パラオ
paling	いちばん、最も
paman	伯父、叔父
panas	熱い、暑い
pandai	上手である、よくできる
pandang	見る（→ memandang, pemandangan）
pangeran	王子
panggil	呼ぶ（→ memanggil, panggilan）
panggilan	呼び出し、呼び名（語根：panggil）
panjang	長い（→ memperpanjang, sepanjang）
pantai	海岸
pantat	尻
Papua	パプア（地名）
Papua Nugini	パプア・ニューギニア
para	～たち
pasang	設置する（→ memasang）
pasar	市場、マーケット、マーケティング（→ pemasaran）
pasar swalayan	スーパーマーケット
pasien	患者
pasifik	太平洋
paspor	旅券、パスポート
pasta	歯磨き粉
pasti	きっと、必ず

単語インデックス

patah tulang	骨折
pawai	パレード
payung	傘
PC	パソコン
pedagang	商人（語根：dagang）
pedas	辛い
pegawai	社員
pejalan kaki	歩行者
pejudo	柔道家（語根：judo）
pekerja	作業員、働き手、労働者（語根：kerja）
pelajar	学生
pelajaran	レッスン、学習、課（語根：ajar）
pelanggan	客、お得意様、顧客、固定客（語根：langgan）
pelayan	店員、ウエーター（語根：layan）
pelayanan	サービス（語根：layan）
pelukis	画家（語根：lukis）
pemabuk	酔っぱらい（語根：mabuk）
pemakaian	利用、使用（語根：pakai）
pemandangan	景色、風景（語根：pandang）
pemasaran	マーケティング
pembalut wanita	生理用ナプキン
pembantu	家政婦（語根：bantu）
pembelian	購入（語根：beli）
pembicara	話し手（語根：bicara）
pembicaraan	交渉（語根：bicara）
pemilihan	選挙、選出、選考（語根：pilih）
peminum	（主に酒類をよく飲む）呑んべい（語根：minum）
pemuda	若者（語根：muda）
pemulangan	返還（語根：pulang）
pemusik	音楽家、ミュージシャン（語根：musik）
penakut	臆病者（語根：takut）
penata rambut	ヘアースタイリスト
pencegahan	予防（語根：cegah）
pencuri	泥棒（語根：curi）
pendapat	意見（語根：dapat）
pendapatan	所得（語根：dapat）
pendek	短い、（背たけなどが）低い
pendidik	教育者、先生（語根：didik）
pendidikan	教育（語根：didik）
pendirian	意見、考え、設立、建立（語根：diri）
pendudukan	占領（語根：duduk）
pengairan	灌漑（語根：air）
pengajar	教師、インストラクター（語根：ajar）
pengalaman	経験（語根：alam）
pengaspalan	舗装（語根：aspal）
pengering	乾燥機（語根：kering）
pengering rambut	ドライヤー
pengetahuan	知識（語根：tahu）
penggunaan	利用、使用、用法（語根：guna）
penginapan	宿泊施設（語根：inap）
penglihatan	視力（語根：lihat）
pengumuman	発表（語根：umum）
pengungsi	避難者、避難民（語根：ungsi）
peninggalan kuno	遺跡
penjualan	販売（語根：jual）
penolak	〜除け、〜避け（語根：tolak）
penting	大事な、重要な（→ kepentingan）
penukaran	交換（語根：tukar）
penumpang	乗客（語根：tumpang）
penurun	（熱などを）下げるための薬、道具（語根：turun）
penyakit	病気（語根：sakit）

penyedot	吸い込むための道具（語根：sedot）	perokok	喫煙者（語根：rokok）
penyelesaian	解決（語根：selesai）	perpisahan	別れ、離別（語根：pisah）
pepaya	パパイヤ	perpustakaan	図書館（語根：pustaka）
per	～につき、～あたり	persahabatan	友好（語根：sahabat）
peragawati	モデル（ファッションなどの）	persendian	関節
perak	銀、銀色、銀色の	Perseroan Terbatas	株式会社（PT）
perangkat	設備、機器	persetujuan	賛成（語根：tuju）
perangkat lunak	ソフトウェア	persiapan	準備（語根：siap）
perangko	切手	persis	正確に、ちょうど、ぴったり
peraturan	規則、きまり（語根：atur）	pertama	初めの、第一番目
perban	包帯	pertandingan	試合（語根：tanding）
perbedaan	違い（語根：beda）	pertanian	農業（語根：tani）
percakapan	会話（語根：cakap）	pertemuan	会合（語根：temu）
perdebatan	議論、ディベート（語根：debat）	pertokoan	商店街（語根：toko）
perempatan	交差点（語根：empat）	perumahan	住宅、住宅街（語根：rumah）
perempuan	女	perusahaan	会社、企業（語根：usaha）
pergi	行く	perut	腹
pergilah	行きなさい（pergiの命令形）	pesan	メッセージ、注文、予約（→ memesan）
perhatian	注意、関心（語根：hati）	pesawat	飛行機
perhentian	停留所（語根：henti）	peselancar	サーファー
perhotelan	ホテル業、ホテル業界（語根：hotel）	pesta	パーティー
peria	ニガウリ	petani	農民（tani）
perikanan	漁業、水産（語根：ikan）	petenis	テニスプレーヤー（語根：tenis）
perintah	命令（→ memerintah）	peternakan	畜産（語根：ternak）
perjalanan	旅程、道のり（語根：jalan）	petugas	係員（語根：tugas）
perkebunan	農園（語根：kebun）	pihak	側
perkembangan pesat	急速な発展	pil	ピル、錠剤
perkotaan	都市部（語根：kota）	pilek	鼻風邪、鼻水
perlu	必要な（→ memerlukan）	pilih	選ぶ（→ pemilihan）
permainan komputer	ゲーム	pindah	移る、移動する、引っ越す
pernah	かつて	pinggang	腰
pernikahan	結婚（語根：nikah）	pinggir	端
		pinjam	借りる（→ meminjam, meminjamkan, pinjaman）

211

単語インデックス

pinjaman	借り物（語根：pinjam）
pintar	賢い、上手な
pintu	ドア
pintu keluar	出口
pintu masuk	入口
piring	皿
pisah	分離する（→ berpisah, perpisahan）
pisang	バナナ
pisau	ナイフ、包丁
Plaza Senayan	プラザ・スナヤン（モール名）
plester	ばんそうこう
pohon	木
polisi	警察
populer	ポピュラーな
porsi	分け前、〜人前
pos	郵便
pos laut	船便
pos udara	航空便
potong	切る、（食べ物などの）〜切れ（→ memotong）
praktis	便利な
pria	男性
pribadi	プライベート、個人（→ kepribadian）
printer	プリンター
proyek	プロジェクト
PT	株式会社（→ Perseroan Terbatas）
puas	満足する、納得する（→ memuaskan）
pukul	打つ、叩く、〜時（→ memukul, memukuli）
pulang	帰る（→ pemulangan）
pulau	島
puluh	10の位（→ puluhan）
puluhan	数十の（語根：puluh）
puncak	頂上、頂点
Puncak	プンチャック（地名）
punya	持つ
pusat	中心、センター
pustaka	図書、書籍（→ perpustakaan）
putar	回転、方向を変える（→ berputar, memutar）
putih	白、白い
putus	切れる（→ keputusan）

Q

Quran	コーラン

R

Rabu	水曜日
Raden Saleh	ラデン・サレ（人名）
raja	王（→ kerajaan, rajawali）
rajawali	鷲
rajin	熱心な、勤勉な、まじめな
ramai	にぎやか
rambut	髪の毛、毛（→ berambut, rambutan）
rambutan	ランブータン（果物名）（語根：rambut）
rambutnya	彼の（彼女の）髪の毛
ramen	ラーメン
ranjang	ベッド
ranting	枝
rapat	会議、しっかり密着した
ras	人種
rasa	味、風味、感じ（→ rasanya）
rasanya	〜のような感じである（語根：rasa）

単語インデックス

ratus	百の位（→ ratusan）	sahabat	友達（→ persahabatan）
ratusan	数百の（語根：ratus）	saja	～だけ
raya	大	*sake*	酒、日本酒
rekam	録音する（→ rekaman）	sakit	痛い、病気の（→ penyakit）
rekaman	録音（語根：rekam）	sama	同じ、～と一緒に（→ bersama）
rekan	同僚	sama sekali	まったく～ではない
Republik	共和国	sambal	サンバル（辛み調味料、チリソース）
Republik China	中華民国（台湾）	sambil	～しながら
restoran	レストラン	sampah	ゴミ
ribu	千の位（→ ribuan）	sampai	～まで、着く
ribuan	数千の（語根：ribu）	sampo	シャンプー
Rina	リナ（女性人名）	sana	そこ
ringan	軽い	sandal	サンダル
Risa	リサ（女性人名）	sangat	非常に
rok	スカート	Sanur	サヌール（地名）
rokok	タバコ（→ merokok, perokok）	sapa	と話しかけた（→ menyapa）
router	ルーター	sapu	ほうき（→ menyapu）
ruang	部屋	sapu tangan	ハンカチ
rugi	損（→ kerugian）	sarana	手段、設備、メディア
rumah	家（→ perumahan）	sarapan	朝食
rumah makan	食堂	satpam	警備員
rumah sakit	病院	satu	1（→ bersatu, kesatuan, mempersatukan）
rumah tangga	家庭	saudara	兄弟、あなた（二人称単数、男女両性に対して）
rumput	草	saudara sepupu	いとこ
rupa	外観、型（→ merupakan）	saudari	姉妹、あなた（二人称単数、女性に対して）
rupiah	ルピア（インドネシアの通貨）	sawah	田
rusak	壊れる、故障する	saya	私

S

Sabtu	土曜日	sayur	野菜（→ sayur-sayuran）
sabun	石けん	sayur hijau	青菜
sabun cuci baju	洗濯用洗剤	sayur-sayuran	野菜類（語根：sayur）
sabun cuci piring	食器用洗剤	sebagai	～として
sah	合法の、正統な		

単語インデックス

sebaiknya	〜する方がよい	semakin	ますます
sebal	腹立たしい、むかつく	semangka	スイカ
sebelum	〜前、〜する前	sembilan	9
sebuah	〜個、〜台など	seminar	セミナー
secara bertahap	段階的に	sempit	狭い（→ sempitnya）
secepatnya	できるだけ早く（語根：cepat）	sempitnya	狭さ（語根：sempit）
sedang	〜しているところ	semua	全部、みんな
sedap	快い、旨い	semut	蟻（→ menyemut）
sedia	備える；準備、用意（→ menyediakan, tersedia）	senang	うれしい、楽しい、好き
		sendok	スプーン
sedikit	少しの	Senin	月曜日
sedot	吸う（→ penyedot, sedot）	senyum	微笑み（→ tersenyum）
sedotan	ストロー（語根：sedot）	sepak	蹴る
segar	新鮮な（→ menyegarkan）	sepanjang	〜中、〜沿い（語根：panjang）
sehat	健康な（→ kesehatan）	sepat	渋い
sejak	以来	sepatu	靴
sejarah	歴史	sepeda	自転車（→ bersepeda）
sekali	大変、とても、1回（語根：kali）	sepeda motor	オートバイ
sekalian	あらゆる、みんな、ついでに（語根：kali）	seperdua	2分の1（語根：dua）
		seperempat	4分の1（語根：empat）
sekarang	今	seperti	〜のような
sekitar	周辺、あたり	sepi	寂しい
sekolah	学校（→ menyekolahkan）	sepoi-sepoi	（風が）そよそよと
selain	他	September	9月
selalu	いつも	sepuluh	10
selama	間（時間的な）	sering	しばしば
selamat	平穏な、無事な、平安な（→ keselamatan）	sesudah	〜後
		setempat	現場（語根：tempat）
selancar	サーフィン	setengah	半分（語根：tengah）
Selasa	火曜日	seterika	アイロン
selatan	南	Setiabudi	スィアブディ（地名）
selesai	終わる、解決する（→ menyelesaikan, penyelesaian）	setiap	毎〜（語根：tiap）
		setuju	賛成（語根：tuju）
seluruh	全	sewa	借りる（→ menyewa, menyewakan）
semahal	同じくらい（値段が）高い	siang	昼（→ kesiangan）

単語インデックス

siap	〜の準備した、〜の用意がある（→ persiapan）	suami istri	夫婦
siapa	誰	suara	声、音
siaran berita radio	ラジオのニュース放送	suasana	雰囲気
sibuk	忙しい	suatu	とある、ある
sikat gigi	歯ブラシ	subak	ベルト
silau	まぶしい	sudah	もう〜した
SIM	運転免許証（→ Surat Izin Mengemudi）	sudah pernah	かつて〜したことがある
simpan	しまう、片付ける（→ menyimpan）	Sudirman	スディルマン（男性人名）
simpul	結ぶ（→ kesimpulan）	suhu	温度
sinar-X	X線	suhu badan	体温
Singapura	シンガポール	suka	好き、好んでよく〜する
singgah	立ち寄る	sulit	難しい
sini	ここ	Sumatera	スマトラ（地名）
Siregar	シレガル（人名）	sumbang	寄付する（→ menyumbang, sumbangan）
sisir	櫛、（バナナを数える時の）房	sumbangan	寄付（語根：sumbang）
sistem	システム	sumpit	箸
siswa	生徒	Sunardi	スナルディ（男性人名）
siswi	女子生徒	*sunblock*	日焼け止め
Siti	シティ（女性人名）	suntik	注射
situ	そこ	sup	スープ
smartphone	スマートフォン	suplemen	サプリメント
SMS	SMS	Surabaya	スラバヤ（地名）
SNS	SNS	surat	手紙、書類
soal	問題（→ mempersoalkan, soalnya）	Surat Izin Mengemudi	運転免許証（SIM）
soalnya	実は、というのも（語根：soalnya）	surat kabar	新聞
sombong	横柄な	surat keputusan	決定書
sop	スープ	susu	牛乳
sop buntut	オックステイルスープ	susun	並べる、積み上げる、編集する（→ tersusun）
sopir	運転手	sutradara	監督
sore	夕方	swasta	民間、私立
soto ayam	チキンスープ	*sweater*	セーター
soto daging	ビーフスープ	syawar	シャワー
stasiun	駅		
suami	夫		

単語インデックス

T

tabung	管、筒（→ menanbung, tabungan）
tabungan	蓄え（語根：tabung）
tadi	さっき
tadi malam	昨夜
tadi pagi	今朝
tadi siang	今日の昼
tahu	知る、知っている（→ ketahuan, pengetahuan）
tahun	年、〜歳（→ tahunan）
tahunan	年刊（語根：tahun）
Taiwan	台湾
tajam	鋭い
taksi	タクシー
takut	怖い（→ penakut）
taman	公園、庭園
tambah	加える、足す（→ bertambah）
tamu	客
tanah	土地、土
tanam	植える（→ tanaman）
tanaman	作物（語根：tanam）
tanda	印、痕
tanda tangan	署名
tanding	一対一（→ pertandingan）
tangan	手
tangga	階段、はしご
tanggal	日付
tani	農業、農民（→ pertanian, petani）
tanjung	岬
Tanjung Priok	タンジュン・プリオック（地名）
tanpa	〜なしで
tante	伯母、叔母
tanya	尋ねる、質問（→ bertanya）
tari	踊り
tarif	レート
tarik	引っ張る、引く（→ menarik, tertarik）
tas	鞄
tata bahasa	文法
tawar	塩気がない、味がしない
tebal	厚い
Tegallalang	トゥガララン（地名）
tegangan listrik	電圧
teh	お茶
tekanan darah	血圧
teknologi	テクノロジー
telah	もう〜した
telepon	電話（→ menelepon）
telepon genggam	携帯電話
telepon internasional	国際電話
televisi	テレビ
telinga	耳
telur	卵（→ bertelur）
telur dadar	オムレツ
telur mata sapi	目玉焼き
telur rebus	ゆで卵
teman	友達、友人
tempat	場所、容器（→ setempat）
tempe	テンペ（大豆発酵食品）
temu	会う（→ bertemu, menemukan, pertemuan）
tenda	テント
tengah	途中（→ setengah）
tenggara	東南
tenis	テニス（→ petenis）
tentang	〜について
tepat	ちょうど（→ menepati）
terang	明るい

単語インデックス

terbakar	焼けてしまう、やけどする（語根：bakar）
terbangun	目を覚ます（語根：bangun）
terbaru	最新の（語根：baru）
terbawa	うっかり持っていかれる（語根：bawa）
terbeli	買える（語根：beli）
terbenam	沈む（語根：benam）
terbit	昇る、出る、出版する
terburu-buru	慌てふためいて（語根：buru）
tercuci	うっかり洗ってしまう（語根：cuci）
terdapat	得られる（語根：dapat）
terdengar	聞こえる（→ dengar）
terdiri	（〜から）成る（語根：diri）
tergambar	描かれている（語根：gambar）
tergantung	ぶら下がっている、〜次第（語根：gantung）
tergigit	噛まれる、刺される（語根：gigit）
terhadap	〜に対して（語根：hadap）
terima	受け取る（→ menerima）
terima kasih	ありがとう
terinjak	うっかり踏まれる（語根：injak）
terjatuh	落ちてしまう、転んでしまう（語根：jatuh）
terjebak	罠にかかる（語根：jebak）
terkejut	驚く（語根：kejut）
terkenal	有名な（語根：kenal）
terlalu	〜過ぎる（語根：lalu）
terlambat	遅れる（語根：lambat）
terlarang	禁じられている（語根：larang）
terletak	位置する（語根：letak）
terlihat	見える（語根：lihat）
termahal	（値段が）いちばん高い（語根：mahal）
termakan	食べられる（語根：makan）
termasuk	含まれる（語根：masuk）
terminal	ターミナル
ternak	家畜（→ peternakan）
terpakai	使われる（語根：pakai）
terpaksa	やむを得ず（語根：paksa）
tersedia	用意されている（語根：sedia）
tersenyum	微笑む（語根：senyum）
terserah pada	〜に任せる
tersusun	積まれている（語根：susun）
tertarik	興味がある（語根：tarik）
tertidur	うっかり寝てしまう、居眠りする（語根：tidur）
tertinggal	取り残される（語根：tinggal）
tertulis	書かれている、書かれた（語根：tulis）
tetapi	しかし、でも
Thailan	タイ
tiap	毎〜、〜ごと（→ setiap）
tiba	到着する
tidak	〜ではない（名詞以外を否定する否定詞）
tidak apa-apa	大丈夫
tidak perlu	必要がない
tidak pernah	〜したことがない
tidak usah	いらない
tidur	寝る（→ tertidur）
tiga	3
Tika	ティカ（人名）
tiket	チケット
tiket pesawat	航空券
Timor Leste	東ティモール
timur	東
Tina	ティナ（女性人名）
tindak	措置（→ bertindak）

単語インデックス

tinggal	住む、留まる、残る（→ ketinggalan, meninggal, meninggalkan, tertinggal）
tinggi	（高さが）高い（→ ketinggian, tingginya）
tingginya	高さ（語根：tinggi）
Tiongkok	中国
tisu	ティッシュ
tisu basah	ウエットティッシュ
titip	預ける
toko	店（→ pertokoan）
toko buku	書店
tolak	断る、拒否する（→ penolak）
tonton	観る（→ menonton）
topi	帽子
Toraja	トラジャ（地名）
toserba	デパート
Trans Jakarta	トランス・ジャカルタ（ジャカルタの交通機関名）
Trans Sarbagita	トランス・サルバギタ（バリ島南部の交通機関名）
transportasi	交通手段、輸送
trilyun	兆の位
tropis	熱帯
tsunami	津波
tua	古い、年老いた
Tuan	あなた（二人称単数、外国人男性に対して）
tugas	任務（→ petugas）
tuju	方向、目的、向かう（→ menyetujui, persetujuan, setuju）
tukang	職人
tukar	交換（→ menukar, penukaran）
tulis	書く（→ menulis, tertulis, tulisan）
tulisan	書いたもの、著述物（語根：tulis）
tumis	炒める
tumpang	乗る（→ penumpang）
tunggu	待つ（→ menunggu）
tunjuk	示す、指差す（→ mempertunjukkan）
tupai	リス、トゥパイ、ムササビ
turis	観光客、ツーリスト
turun	降りる、下がる、降る（→ penurun）
turut	従う、追従する（→ menurut）
tutup	蓋、閉店、閉じる
Tutup	準備中、閉店（店舗の札、張り紙などで）

U

uang	お金
uang kertas	紙幣
uang logam	硬貨
uang tunai	現金
Ubud	ウブド（地名）
udang	エビ
udara	空気
uji	実験（→ ujian）
ujian	試験（語根：uji）
ukur	測る（→ ukuran）
ukuran	サイズ（語根：ukur）
ulang	繰り返す（→ mengulangi）
ulang tahun	誕生日
umum	一般、公（→ pengumuman）
umur	年齢
ungsi	避難する（→ mengungsi, pengungsi）
ungu	紫、紫の
universitas	大学
untuk	〜のため、〜用
upacara	儀式

単語インデックス

usaha	努力（→ perusahaan）
USB	USB
usia	年齢
utama	主要な、第一の、メインの（→ mengutamakan）
utara	北

V

vaksin	ワクチン
variasi	いろいろな（→ bervariasi）
versi	バージョン
video	ビデオ、動画
Vietnam	ベトナム
virian	バリエーション
visa	ビザ
voli	バレーボール

W

wabah	伝染病、疫病の大発生（→ mewabah）
wah	わぁ〜
wajah	顔
waktu	時間、時
walaupun	〜だけれども
wali	後見人、保証人
wanita	女性
warga	国民、市民、住民
warna	色
warung	屋台
WC	トイレ
weker	目覚まし時計
WiFi	WiFi（ワイファイ）
wilayah	地域
wisatawan	観光客
wisatawan asing	外国人観光客
wisatawan domestik	国内観光客

Y

ya	はい
yang	関係詞
yang	（関係代名詞）〜のところの
yang mana	どれ、どっち、どちら
yayasan	財団
yen	円
yoga	ヨガ
Yudono	ユドノ（男性人名）
Yulia	ユリア（人名）

Z

zakat	喜捨
zaman	時代
ziarah	墓参

219

著者紹介

ホラス由美子（HORAS　ゆみこ）
東京学芸大学大学院修了。現在、東京農業大学等の非常勤講師。アジア語教室の adiluhung で e ラーニングレッスンに取り組む。第一東京弁護士会当番弁護士通訳、NHK バイリンガルセンターにて翻訳・通訳。また、インドネシアの山村地域の中高生を対象とした "BEASISWA PELANGI"（虹の奨学金）を主宰。株式会社 adiluhung 代表取締役。

主な著書
『アジアの食文化』（建帛社〈分担執筆〉）
『インドネシア語レッスン初級 1, 2』（スリーエーネットワーク）
『らくらく旅のインドネシア語』（三修社）
『ゼロから話せるインドネシア語』（三修社）
『インドネシア語リスニング』（三修社）
『インドネシア語スピーキング』（三修社）
『インドネシア語ビジネス会話フレーズ辞典』（三修社）

MP3 付
ゼロから始めるインドネシア語

2015 年 4 月 20 日　第 1 刷発行
2023 年 11 月 20 日　第 6 刷発行

著　　者——ホラス由美子
発　行　者——前田俊秀
発　行　所——株式会社三修社
　　　　　　〒150-0001　東京都渋谷区神宮前 2-2-22
　　　　　　TEL 03-3405-4511
　　　　　　FAX 03-3405-4522
　　　　　　振替 00190-9-72758
　　　　　　https://www.sanshusha.co.jp
　　　　　　編集担当　菊池　暁
印刷所　　倉敷印刷株式会社
製本所　　牧製本印刷株式会社

カバーデザイン　　峯岸孝之（Comix Brand）
本文イラスト　　　大槻紀子

Ⓒ Yumiko HORAS　　　　　　　　　　　　　2015 Printed in Japan
ISBN978-4-384-05747-8 C1087

|JCOPY| 〈出版者著作権管理機構 委託出版物〉

本書の無断複製は著作権法上での例外を除き禁じられています。複製される場合は、そのつど事前に、出版者著作権管理機構（電話 03-5244-5088 FAX 03-5244-5089 e-mail: info@jcopy.or.jp）の許諾を得てください。